CONTEÚDO DIGITAL PARA ALUNOS
Cadastre-se e transforme seus estudos em uma experiência única de aprendizado:

Entre na página de cadastro:
https://sistemas.editoradobrasil.com.br/cadastro

Além dos seus dados pessoais e dos dados de sua escola, adicione ao cadastro o código do aluno, que garantirá a exclusividade do seu ingresso à plataforma.

2303542A2182856

Depois, acesse: https://leb.editoradobrasil.com.br/
e navegue pelos conteúdos digitais de sua coleção :D

Lembre-se de que esse código, pessoal e intransferível, é valido por um ano. Guarde-o com cuidado, pois é a única maneira de você acessar os conteúdos da plataforma.

CB037203

Editora do Brasil

Alex Sandro Marques
André Andere
Pollyanna Santana

EDUCAÇÃO FINANCEIRA

ENTENDER E PRATICAR

ENSINO FUNDAMENTAL • ANOS FINAIS

Volume único

1ª edição
São Paulo – 2020

Editora do Brasil

Dados Internacionais de Catalogação na Publicação (CIP)
(Câmara Brasileira do Livro, SP, Brasil)

Marques, Alex Sandro
　　Educação financeira : entender e praticar : volume único / Alex Sandro Marques, André Andere, Pollyanna Santana. -- 1. ed. -- São Paulo : Editora do Brasil, 2020.

　　ISBN 978-85-10-08308-9 (aluno)
　　ISBN 978-85-10-08309-6 (professor)

　　1. Educação financeira 2. Finanças (Ensino fundamental) I. Andere, André. II. Santana, Pollyanna. III. Título.

20-38000　　　　　　　　　　　　　　　CDD-372.8

Índices para catálogo sistemático:
1. Educação financeira : Ensino fundamental　372.8

Cibele Maria Dias - Bibliotecária - CRB-8/9427

© Editora do Brasil S.A., 2020
Todos os direitos reservados

Direção-geral: Vicente Tortamano Avanso

Direção editorial: Felipe Ramos Poletti
Gerência editorial: Erika Caldin
Supervisão de arte: Andrea Melo
Supervisão de editoração: Abdonildo José de Lima Santos
Supervisão de revisão: Dora Helena Feres
Supervisão de iconografia: Léo Burgos
Supervisão de digital: Ethel Shuña Queiroz
Supervisão de controle de processos editoriais: Roseli Said
Supervisão de direitos autorais: Marilisa Bertolone Mendes

Supervisão editorial: Angela Sillos
Edição: Fernando Savoia Gonzalez
Apoio editorial: Luana Agostini
Licenciamentos de textos: Cinthya Utiyama, Jennifer Xavier, Paula Harue Tozaki e Renata Garbellini
Controle de processos editoriais: Bruna Alves, Carlos Nunes, Rita Poliane, Terezinha de Fátima Oliveira e Valéria Alves

Coordenação editorial: Duda Albuquerque/ DB Produções Editoriais
Edição: Atalante Editores
Colaboração editorial: Priscila Ramos de Azevedo
Projeto gráfico: Sergio Cândido (capa e miolo)
Pesquisa iconográfica: Marcia Sato
Editoração eletrônica: Nany Produções Gráficas e M10 Editorial
ilustrações e revisão: M10 Editorial

1ª edição / 9ª impressão, 2025
Impresso no parque gráfico da HRosa Gráfica e Editora.

Avenida das Nações Unidas, 12901
Torre Oeste, 20º andar
São Paulo, SP – CEP: 04578-910
Fone: +55 11 3226-0211
www.editoradobrasil.com.br

APRESENTAÇÃO AO ALUNO

Caro estudante,

Vivemos cercados, a todo instante, por mensagens e notícias que nos trazem informações sobre crises econômicas, taxas de desemprego, nível de consumo e de atividade econômica mundial, entre outras que repercutem em nossa vida financeira. A lógica do consumo procura ditar nossa forma de ser e de agir, ao passo que a economia influencia praticamente todos os aspectos de nossa sociedade.

Que tal, então, olharmos para isso de forma crítica, compreendendo as dinâmicas sociais por trás dessas palavras e melhorando nossa forma de consumir, nossa qualidade de vida, nossa relação com o ambiente e com a sociedade?

Educação Financeira: entender e praticar irá guiar você por essas e outras questões, com propostas alinhadas com as modernas metodologias de aprendizagem, percorrendo conceitos básicos de economia, matemática e sustentabilidade e auxiliando-o a desenvolver valores humanos e competências socioemocionais. Desse modo, você terá uma formação cidadã consistente e poderá construir um futuro próspero e com estabilidade financeira.

O objetivo aqui é ajudá-lo a planejar seu futuro, realizar sonhos, contribuir para a estabilidade financeira de sua família e conhecer como empresas e governos funcionam, assuntos indispensáveis para a formação de um cidadão pleno e de um país mais justo.

Um grande abraço,

Os autores.

Conheça as seções de seu livro

ABERTURA DE UNIDADE
Uma página dupla apresenta o tema da Unidade. Aqui você encontra questões propostas com o objetivo de levantar os conhecimentos que já tem sobre alguns conceitos.

ABERTURA DE CAPÍTULO
Um breve texto contextualiza o tema a ser abordado no capítulo, sempre com imagens e questões que instigam sua curiosidade.

O QUE VAMOS DISCUTIR?
Apresenta objetivamente a relação dos temas que serão abordados no capítulo.

PENSE NISSO!
Aqui você é chamado a refletir sobre algum tópico abordado naquele momento.

APLIQUE SEU CONHECIMENTO!
Essa seção ajuda você a colocar em prática o conteúdo trabalhado no capítulo, apropriando-se de instrumentos para tornar sua vida financeira mais estável.

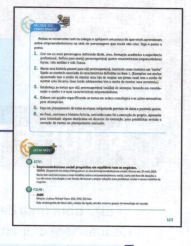

SAIBA MAIS!
Sugestões de *sites*, livros, vídeos e outras mídias para você potencializar sua aprendizagem.

CURIOSIDADES
Informações interessantes acerca de tópicos envolvendo os conteúdos estudados, favorecendo assim a fixação dos conhecimentos.

ESTUDO DE CASO
Exemplos contextualizados para você praticar aquilo que aprendeu até o momento.

APROFUNDANDO!
Informações interessantes que buscam levá-lo a explorar ainda mais o tópico abordado naquele momento.

O QUE É EDUCAÇÃO FINANCEIRA?

Esta obra trata de um assunto interdisciplinar: Educação Financeira. Todo cidadão tem o direito de conhecer e aprimorar cada vez mais seus conhecimentos sobre esse tema, que afeta a vida das pessoas em várias partes do mundo, especialmente no Brasil, país emergente com grande desigualdade social e sérios problemas de desemprego.

A maioria das pessoas acredita que a Educação Financeira envolve apenas conceitos ligados à área da Matemática, com fórmulas complicadas e cálculos gigantescos, e à área das finanças, restrita ao universo dos adultos interessados em investimentos... Mas não é bem assim!

A Educação Financeira é um assunto para toda a família, incluindo crianças e jovens. Juntos, todos devemos ter consciência da necessidade de usar o dinheiro com responsabilidade e reduzir nosso consumo, tendo em vista os eventuais impactos ambientais gerados pela produção ou descarte de um produto.

O desenvolvimento desse tema de extrema relevância nos dias atuais é acompanhado de muitos exemplos práticos, como a elaboração de planilhas para o dia a dia, orientações para o consumo consciente e para o planejamento do uso do dinheiro por meio de atividades que privilegiam o protagonismo de cada pessoa.

A educação financeira favorece comportamentos que reduzem o consumo e valorizam atitudes sustentáveis voltadas à proteção do meio ambiente.

SUMÁRIO

UNIDADE 1
QUANTO CUSTA UM SONHO?, 8

Capítulo 1 – Sonhos 10

Capítulo 2 – Orçamento familiar 20

Capítulo 3 – A história do dinheiro 31

Capítulo 4 – O público e o privado 41

UNIDADE 2
DO SONHO À AÇÃO, 54

Capítulo 5 – Sonhar acordado 56

Capítulo 6 – Empreendedorismo 64

Capítulo 7 – A crença no dinheiro 76

Capítulo 8 – O ciclo do dinheiro 88

UNIDADE 3
PLANEJAR E EMPREENDER, 100

Capítulo 9 – Planejamento financeiro familiar 102

Capítulo 10 – Competências para empreender 116

Capítulo 11 – Mercado e inflação 124

Capítulo 12 – Juro composto 140

UNIDADE 4
POUPAR E INVESTIR, 150

Capítulo 13 – Reserva financeira 152

Capítulo 14 – "Elefantes brancos" no orçamento 160

Capítulo 15 – PIB e câmbio 170

Capítulo 16 – Investimentos financeiros 180

Referências 191

UNIDADE

1 | QUANTO CUSTA UM SONHO?

Nesta Unidade inicial, você desenvolverá conhecimentos básicos de Educação Financeira, como a identificação de seus sonhos, a definição de prioridades para que eles possam ser alcançados, além de alguns conceitos importantes, como impostos e orçamento.

Para que você possa se preparar de modo adequado para a aprendizagem, reflita sobre as questões a seguir.

1. Você acha que os sonhos que temos influenciam nosso comportamento e nossas atitudes no dia a dia?

2. Acredita que ter um orçamento familiar pode auxiliar na organização financeira de uma família?

3. Sabe dizer onde e como surgiu o dinheiro? E o dinheiro disponível para seu uso, qual é a fonte de renda?

4. Conhece o significado das expressões bem ou serviço **público** e bem ou serviço **privado**?

CAPÍTULO 1 — SONHOS

O QUE VAMOS DISCUTIR?

- SONHOS E OBJETIVOS
- SONHOS E FINANÇAS
- PROJETAR UM SONHO

Ter um sonho pode nos motivar a viver melhor e com mais intensidade. Sonhar nos impulsiona e anima, nos dá vontade de viver e nos ajuda a ter um objetivo na vida.

Alguns jovens têm sonho de formar uma família, ter filhos ou comprar uma casa. Outros têm o sonho de comprar um carro ou aquela moto potente. Há pessoas que sonham em conhecer a Europa ou visitar grandes parques de diversão no mundo. Também há aqueles que sonham em passar no vestibular para ter determinada profissão ou em se tornar um jogador de futebol.

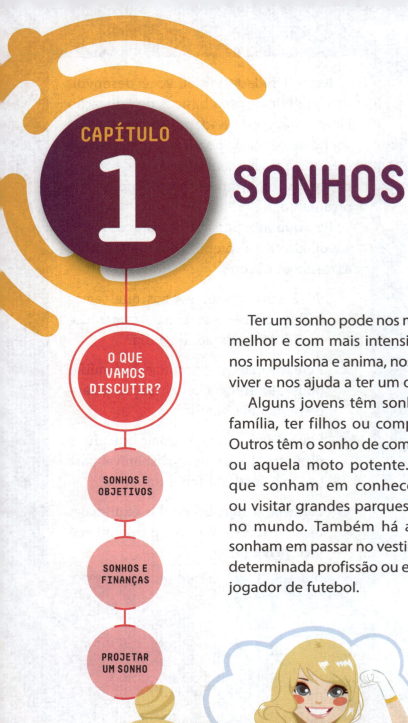

1. Qual é o seu sonho, ou quais são os seus sonhos? Anote em uma folha de papel pelo menos três sonhos que você tem e entregue esse registro ao professor. Não coloque seu nome.

2. Entre os sonhos que você anotou na questão anterior, quais requerem dinheiro para serem realizados? E quais não requerem dinheiro?

3. Considere os sonhos que requerem dinheiro para serem realizados e imagine o custo de cada um deles. Você saberia quantificar o valor desses sonhos?

CURIOSIDADES

No ano de 1900, o psicanalista Sigmund Freud escrevia uma de suas mais importantes obras: *A interpretação dos sonhos*. Nela, o autor aborda o sonho como uma expressão de desejos e conflitos que ficam no "inconsciente", uma instância psíquica definida por ele.

Sonhos materiais e sonhos não materiais

Muitas vezes, desejamos objetos concretos: um automóvel, um *video game*, um tênis, uma roupa. Nesse caso, os sonhos têm caráter material.

Um carro de última geração é o sonho material de muitas pessoas.

Outras vezes, nossos sonhos são de natureza não material, ou seja, não podem ser tocados, são abstratos. Por exemplo, desejamos muito ter a amizade de um grupo de pessoas bacanas, reencontrar um ente querido que não vemos há muito tempo, ter uma profissão que nos agrade ou fazer passeios e viagens divertidas com a família.

Tanto os sonhos materiais quanto os não materiais podem custar algum valor, às vezes alto, outras nem tanto. Obviamente, alguns sonhos não custam nenhum valor financeiro. Mas, sem dúvida, todos eles apresentam um valor afetivo.

1. Formem grupos de quatro ou cinco estudantes. Cada grupo receberá do professor os registros feitos na atividade anterior. É provável que vocês trabalhem com registros de seus colegas, e não os próprios, pois as anotações não estão identificadas. Mas a ideia é essa mesmo: que cada grupo lide com "sonhos" de modo geral, e não especificamente com os próprios.

2. Construam em uma folha avulsa um quadro com duas colunas: uma para "sonhos materiais" e outra para "sonhos não materiais". Sigam o modelo.

Sonhos materiais	Sonhos não materiais

3. Em cada pedaço de papel, há três sonhos registrados. Então, cada grupo irá classificá-los em sonhos materiais e sonhos não materiais. Caso necessário, acrescentem linhas ao quadro. Para isso, discutam antes os critérios que utilizarão.

4. Em seguida, apresentem à turma as classificações, explicando os critérios utilizados.

5. Finalizada a atividade, responda individualmente às questões a seguir em seu caderno:

   a) Todos os nossos sonhos custam dinheiro?

   b) Todos os sonhos materiais custam dinheiro?

   c) Sonhos não materiais podem custar algum dinheiro?

6. Cite dois sonhos não materiais que não custam dinheiro.

7. Cite dois sonhos não materiais que custam algum dinheiro.

Estimativa: cálculo do valor aproximado.

8. Retome os sonhos que você anotou e faça uma **estimativa** de quanto cada um deles custaria.

ATENÇÃO!

Note que sonhos materiais geralmente custam dinheiro e que sonhos não materiais podem ou não custar dinheiro.

Sonhos de curto, médio e longo prazo

Ao realizar as atividades, você constatou que alguns sonhos podem custar dinheiro. Uns podem ser baratos e outros, muito caros.

Há ainda outra forma de classificar os sonhos, que depende do tempo para realizá-lo. Muitas vezes, esse tempo está relacionado a juntar dinheiro.

- **Sonhos de curto prazo**: podem ser alcançados em alguns dias ou meses (zero a 12 meses);
- **Sonhos de médio prazo**: podem ser alcançados em poucos anos (um a três anos);
- **Sonhos de longo prazo**: podem ser alcançados após certo tempo (mais de três anos).

Quanto dinheiro é preciso para realizar um sonho?

Os conceitos de "caro" e "barato" são relativos, pois dependem do poder aquisitivo e da renda das pessoas envolvidas. Por exemplo, para algumas pessoas, pode ser caro viajar para as praias do Nordeste do Brasil, enquanto, para outras, isso é rotineiro e por isso não é uma despesa cara.

Da mesma forma, o que é um sonho de curto prazo para uns pode ser considerado de médio ou longo prazo para outros.

Para transformar um sonho em realidade, pode ser necessário conseguir uma certa quantidade de dinheiro. Quanto maior for essa quantidade, mais distante pode ficar a realização do sonho, e essa espera é um dos critérios que definem se o sonho é de curto, médio ou longo prazo.

Min C. Chiu/Shutterstock.com

Ampulheta: instrumento simples usado para medir o tempo.

ESTUDO DE CASO 1

Vamos avaliar a situação a seguir.

Marina adora estudar idiomas. Ela tem muita vontade de fazer um curso de Inglês de qualidade e falar fluentemente essa língua. Sua meta principal é obter um nível avançado em Inglês. Para alcançar esse objetivo, Marina conversou com seus familiares; eles refletiram e concluíram que seria algo importante para a sua vida pessoal e a futura vida profissional. Então, colocaram os custos no papel e reconheceram que não é um sonho barato para as condições financeiras da família.

Para a realização do objetivo de Marina, planejaram três metas:

a) alcançar o nível básico no Inglês em um bom curso *on-line* gratuito, com duração de três meses, já que os gastos serão somente com o pagamento da conexão à internet e poderão guardar algum dinheiro para as metas seguintes;

b) alcançar os níveis intermediário e avançado nessa língua estudando uma escola de idiomas que forneça titulação e diploma, em um curso com duração de quatro anos. Os custos serão a matrícula, as mensalidades, o material e o transporte de sua casa até a escola de idiomas, e será preciso ir poupando o valor necessário para a próxima meta;

c) atingir a fluência em Inglês por meio de uma viagem de intercâmbio para um país de língua inglesa, onde ela realizará um curso com duração de dois meses.

Agora, auxilie Marina e sua família a pôr em prática o projeto da garota. Se quiser, pode consultar seus familiares para responder a algumas das questões colocadas.

1. Se Marina começar a colocar em prática seu projeto em 1º de janeiro de 2021, qual será o mês de término de seu intercâmbio no Canadá? Copie o quadro a seguir no caderno e complete o cronograma para indicar a resposta.

	Cronograma do projeto		
	Duração	**Início**	**Término**
Curso *on-line*			
Curso presencial			
Viagem para o Canadá			

2. Qual é o valor mensal aproximado de um plano residencial de conexão à internet?

3. Qual é o valor aproximado da mensalidade de um curso de Inglês que forneça titulação e diploma?

4. Qual é o valor aproximado de um curso de intercâmbio de dois meses no Canadá, considerando a passagem e a hospedagem?

5. Classifique as seguintes etapas do projeto de Marina em "longo prazo", "médio prazo" e "curto prazo".

   a) Estudar Inglês pela internet.

   b) Estudar Inglês em um curso presencial.

   c) Estudar Inglês no exterior.

6. Suponha que a meta de estudar Inglês no exterior represente um gasto de R$ 10.000,00. Qual é o valor mensal a ser guardado durante o cumprimento das duas metas anteriores?

7. Você acha que foi importante Marina conversar com os pais sobre o sonho de aprender Inglês?

APROFUNDANDO!

Educação financeira ajuda a realizar sonhos?

Certamente você tem sonhos, como as demais pessoas. São os nossos sonhos, projetos futuros, que nos movem para a conquista de uma vida melhor, com mais bem-estar no convívio social. No entanto, é muito comum enfrentarmos dificuldades na transformação do sonho em realidade, em executar as metas necessárias para a realização de nossos desejos.

Algumas vezes, é preciso dispor de recursos financeiros para alcançar o que almejamos. Para isso, devemos ter clareza dos procedimentos e das ações a serem implementadas. Nessa situação, o ponto crucial é o planejamento. Antes de um sonho se tornar realidade, temos de pôr no papel, de forma sistematizada, as ações necessárias, ou seja, precisamos de um plano!

Nesse contexto, a Educação Financeira pode fazer a diferença para você e sua família, possibilitando um diagnóstico mais completo da situação dos recursos que possuem, das fontes de receita e dos itens de despesas. Essa análise ajuda a construir uma base sólida que permita superar imprevistos econômicos, pavimentar uma estrada segura para suas conquistas e, até mesmo, preparar sua aposentadoria.

Dessa forma, constatamos que entre o sonho e a realidade há uma etapa intermediária: o projeto.

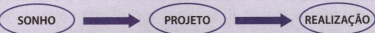

SONHO → PROJETO → REALIZAÇÃO

Para que seu sonho seja transformado em um projeto, leia a seguir algumas medidas facilitadoras.

1. Defina seu objetivo com precisão

O que exatamente você deseja? Quanto vale esse sonho? Que recursos você já tem? Há outras pessoas envolvidas? Elas têm o mesmo desejo e podem colaborar com você na execução das ações? Como você estará depois de esse sonho ser realizado?

Se seu sonho for, por exemplo, fazer um bom tratamento ortodôntico para ter uma dentição mais saudável e esteticamente agradável, você precisa consultar profissionais habilitados para conhecer a opinião deles e o que podem oferecer, avaliar o tempo de duração do tratamento, calcular o custo dele, definir o cronograma de visitas à clínica ou consultório, entre outras ações. A pesquisa pode, em parte, ser feita pela internet ou outros meios disponíveis, como consultar o jornal da cidade ou bairro ou conversar com pessoas que passaram por experiências parecidas.

2. Estipule metas realistas

Após definir claramente seu objetivo e experimentar a realização do sonho em sua imaginação, é hora de listar as metas a serem cumpridas para chegar lá. Cada meta pode ser encarada como um degrau a ser galgado. Portanto, ele não pode ser muito baixo, pois isso exigiria muitos passos para atingir o cume, nem muito alto, pois impossibilitaria sua execução.

Se seu sonho for o tratamento ortodôntico, você deve diagnosticar seus recursos e avaliar o quanto deverá economizar e poupar em prazos definidos para arcar com o custo inicial do tratamento e com a manutenção dele ao longo do tempo. É importante, além disso, garantir uma reserva de dinheiro para que um imprevisto financeiro não comprometa seu orçamento.

3. Defina momentos para avaliação da caminhada

É muito importante que você defina antecipadamente os momentos em que poderá fazer uma avaliação do caminho percorrido e do percurso que ainda falta. O cenário pode sofrer alterações causadas por instabilidade econômica, situações de desemprego na família ou, ao contrário, aumento das receitas familiares ou eliminação de alguma despesa. Tudo isso pode exigir um replanejamento das metas com o estabelecimento de novos prazos.

Aceite esses momentos como circunstâncias da vida; seja resiliente e disciplinado. Procure imaginar a experiência prazerosa do sonho realizado e faça o desvio requerido em sua rota. Lembre-se: se a vida for um navio em oceano aberto, você é o capitão desse navio!

4. Vibre com cada meta alcançada!

A caminhada entre o sonho e a realização dele pode ser longa. Para que a alegria do sonho realizado não seja tão distante, antecipe pequenas vitórias, comemore cada degrau superado, pois ele indica que você está no caminho certo. Essa comemoração não precisa ser algo que demande muito dinheiro, mas celebre de algum modo as pequenas vitórias com amigos ou familiares. Assim, você estará sempre motivado e terá mais chance de êxito no alcance do objetivo.

PENSE NISSO!

Toda viagem de avião possui um plano de voo. Elaborado por profissionais especializados, esse plano contém informações detalhadas, como local de partida e chegada, previsão de horários, rotas, gastos com combustível, entre outras, para que o voo se realize com segurança.

Podemos traçar um paralelo desse plano de voo com nossos objetivos de vida. Precisamos ter o nosso "plano de voo", saber aonde queremos chegar, quais são os gastos envolvidos e quanto tempo levaremos para realizar o sonho.

ESTUDO DE CASO 2

Sansei: termo usado para definir o neto (ou a neta) de japoneses nascido no Brasil, ou seja, a terceira geração de imigrantes japoneses.

Yume é uma menina **sansei** que, desde pequena, mostrou-se interessada pela cultura nipônica. Sempre gostou de desenhos animados japoneses, conhecidos como **animes**, que, em geral, são produzidos depois de a história ser publicada em mangás (história em quadrinhos). Apaixonada por mangás e animes, Yume se destaca pelo capricho com que faz seus desenhos.

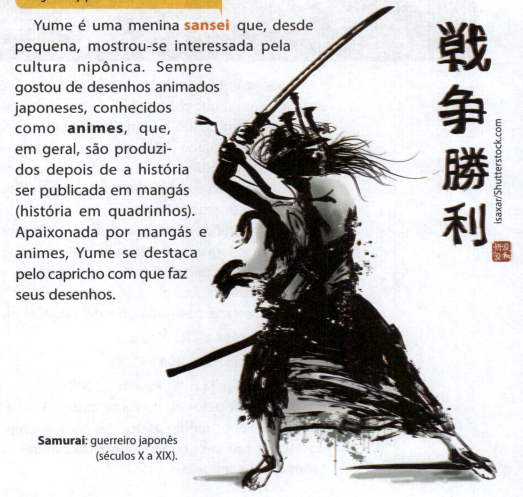

Samurai: guerreiro japonês (séculos X a XIX).

Incentivada por seus avós, assistiu a um filme do consagrado diretor de cinema japonês chamado Akira Kurosawa cujo título era exatamente igual ao seu nome: *Yume*. Os avós explicaram a ela que o significado de seu nome em português era "sonho", e ela ficou encantada.

Imagem do filme *Sonhos*, do diretor Akira Kurosawa.

Após assistir ao filme, Yume confessou aos avós que seu maior sonho era ser uma grande produtora de animes e mangás. Prontamente, os avós a incentivaram, dando-lhe um abraço e um conselho: "Coloque seu sonho no papel e programe-se financeiramente para realizá-lo".

Yume teve então uma grande ideia. Como recebia uma mesada de R$ 150,00 dos pais para lanches e passeios aos finais de semana, pensou em economizar esse dinheiro para realizar seu sonho.

Ainda querendo ajudar, seus avós perguntaram: "Mas o que é necessário fazer para se tornar uma grande produtora de animes?" Yume respondeu: "Preciso de uma oficina própria, de um curso de anime e de uma viagem ao Japão, o centro das produções de animes".

Rapidamente, pesquisaram e definiram alguns valores estimados:

- oficina própria – R$ 360,00;
- curso de anime – R$ 1.440,00;
- passagem para o Japão – R$ 4.800,00.

Orientada pelos avós, Yume categorizou esses sonhos em curto prazo (um ano), médio prazo (três anos) e longo prazo (cinco anos).

Agora, reúna-se com mais quatro colegas para responder às questões que se seguem.

1. O que Yume pode fazer para economizar dinheiro, tendo em vista que sua única fonte de renda é a mesada?

2. Que valor ela deve guardar por mês para tornar possível seu sonho de curto prazo, o de montar a própria oficina?

3. Que valor ela deve guardar por mês para tornar possível seu sonho de médio prazo, o de fazer um curso de anime?

4. Que valor ela deve guardar por mês para tornar possível seu sonho de longo prazo, o de viajar ao Japão?

5. Considerando que um amigo está passando por um momento de vida delicado por motivo de doença e Yume quer ajudá-lo financeiramente com R$ 480,00, de qual quantia economizada ela deve retirar essa importância para o auxílio?

SAIBA MAIS!

LIVRO:

- **Caderno de educação financeira**: gestão de finanças pessoais (conteúdo básico)
Cidadania financeira. Brasília: Banco Central do Brasil, 2013.
Disponível em: www.bcb.gov.br/content/cidadaniafinanceira/documentos_cidadania/Cuidando_do_seu_dinheiro_Gestao_de_Financas_Pessoais/caderno_cidadania_financeira.pdf. Acesso em: 12 jun. 2020.

Neste material, você tem acesso a outros textos interessantes sobre "sonhos e projetos".

VÍDEO:

- **SONHOS**
Direção: Akira Kurosawa. Japão/EUA: Warner Bros., 1990. 119 min.

Belo filme do cineasta japonês, baseado em alguns de seus próprios sonhos.

19

CAPÍTULO 2
ORÇAMENTO FAMILIAR

O QUE VAMOS DISCUTIR?

- OS GASTOS FAMILIARES
- ORÇAMENTO FAMILIAR
- EQUILÍBRIO FINANCEIRO
- PLANILHA PARA O DIA A DIA

Você sabe exatamente como sua família usa o dinheiro que recebe? Você sabe quanto custam a alimentação, os estudos, as despesas relativas a transporte e as contas de luz, água etc.? Aliás, você conseguiria listar todas as contas a serem pagas mensamente pela sua família?

Infelizmente, poucas pessoas têm o hábito de controlar o "caminho" do dinheiro, ou seja, de acompanhar onde e como o dinheiro está sendo gasto.

Saber como a família está gastando o dinheiro que recebe é um dos pilares da Educação Financeira, e essa prática de organizar "o que entra" e "o que sai" recebe o nome de **orçamento familiar**.

> **Orçamento**: cálculo aproximado do custo de algo; estimativa de quantidade de dinheiro.

1. Você já participou da elaboração de um orçamento familiar? Explique brevemente o que você sabe sobre orçamento familiar.

2. Você acha importante conversar com as pessoas da sua casa sobre os gastos da família? Isso ocorre na sua casa?

3. Como você pode ajudar a família na redução dos gastos da casa?

Representação de família em um momento de descontração.

O que é orçamento familiar?

Você já presenciou alguma conversa em sua casa sobre as contas da família? Se sim, nesses momentos, o assunto parecia ser muito sério?

Dialogar sobre as contas da casa é um tema importante e deve ser tratado com muita responsabilidade. E, por esse motivo, é apropriado que envolva todos os membros da família, inclusive você.

Uma forma de controlar a renda e as despesas é fazendo um orçamento.

Orçamento familiar é uma previsão de renda e despesa em determinado tempo. Todas as despesas ou gastos mensais são listados com seus respectivos valores, assim como todas as receitas ou renda que ocorrem no mesmo período, com seus valores. Ao final, deve haver uma comparação entre o dinheiro que entrou e o que saiu, ou seja, um balanço que compare receitas × despesas.

1. Você sabe o que é **receita** em Educação Financeira? Faça uma rápida pesquisa e responda.

2. Indique, por meio de uma lista, as despesas mensais da sua família. Não aponte os valores. Exemplos: luz, água, internet, supermercado, entre outros.

3. Em grupo de até cinco integrantes, conversem sobre a seguinte questão: Quais são as vantagens de anotar em uma lista nossas receitas e despesas? Isso é importante? Por quê?

Despesas × receitas

Algumas pessoas, após aprenderem a fazer o orçamento familiar, comentam que ele torna mais fácil controlar a vida financeira, pois a única condição a ser imposta é que a receita total seja maior ou, pelo menos, igual à despesa total. Mas por que muitas pessoas se endividam ou não conseguem respeitar essa ideia de equilíbrio? Por que não mantêm essa balança positiva ou nula?

É preciso equalizar os dois lados para manter a estabilidade.

Para ter um orçamento familiar equilibrado, é preciso respeitar uma sentença matemática:

$$\text{receitas} \geq \text{despesas}$$

De um lado, estão todas as rendas da família, seja em forma de salário, aluguel, vendas ou outro tipo de ganho. Do outro lado, temos todas as despesas, sejam alimentícias, lazer, transporte, energia elétrica, entre outras.

1. Com sua turma, reflita e responda: Por que muitas famílias não conseguem manter um equilíbrio em seu orçamento?

2. Com base no debate, responda às questões a seguir:
   a) Quais são os prováveis motivos que levam uma família a enfrentar desequilíbrios financeiros?
   b) O que seria falta de planejamento no orçamento familiar?
   c) Em que a organização dos gastos pode auxiliar no orçamento da família?

3. Cite um imprevisto que pode desencadear desequilíbrio financeiro.

4. Você já comprou algo por impulso? Quais foram as consequências? Faria isso novamente?

APLIQUE SEU CONHECIMENTO!

Com a orientação do professor, organizem-se em seis grupos.

Cada grupo representará uma família com nome iniciado com a letra recebida do professor. Por exemplo, o grupo A pode ser a família Almeida; o grupo B, família Braga. As famílias devem fazer, no caderno ou numa folha avulsa, uma lista com dez itens de despesas e outra lista com dois tipos de receita que tenham. É preciso identificar as receitas e despesas, bem como os respectivos valores.

Na parte inferior de cada coluna (despesas e receitas), coloca-se a soma, o valor total.

Com as listas prontas, um representante voluntário de cada grupo vai até a lousa e escreve as listas de despesas e receitas, sem o auxílio dos registros feitos em grupo. Então, o grupo faz o confronto do que foi escrito na lousa com o que havia sido registrado no papel.

Quais receitas e despesas foram as mais lembradas pelo representante de seu grupo? Seriam elas as mais importantes para a sobrevivência financeira da família?

CURIOSIDADES

Provavelmente, você já ouviu dizer ou afirmou que a Terra é o planeta água. O problema é que 97,5% da água do planeta é salgada. Apenas 2,5% é doce e a maior parte dela está aprisionada em aquíferos subterrâneos e geleiras. Não bastasse só existir 2,5% de água doce, só 0,26% dessa água da Terra está disponível em lagos, reservatórios e bacias hidrográficas, mais acessíveis ao homem. Isso significa dizer que apenas 0,0065% da água na Terra é doce e está disponível para consumo. [...]

DARAYA, Vanessa. 9 fatos que vão fazer você economizar água a partir de agora. *Exame*, São Paulo, 15 maio 2014. Disponível em: https://exame.abril.com.br/tecnologia/9-fatos-que-vao-fazer-voce-economizar-agua-a-partir-de-agora-2/. Acesso em: 30 maio 2020.

Consumo consciente

Se apenas 0,0065% da água na Terra é doce e própria para consumo, é evidente que temos o dever de evitar desperdiçá-la em situações do cotidiano.

O consumo consciente está em sintonia com as recomendações de pesquisas científicas sobre **sustentabilidade**. É dever de cada cidadão zelar pela natureza e seus recursos, pois são esgotáveis, ou seja, podem acabar um dia caso não os utilizemos com responsabilidade.

Nesse sentido, além de ser uma ação sustentável, o consumo consciente da água nos traz economia financeira.

Sustentabilidade: termo relacionado ao uso dos recursos naturais sem comprometer sua disponibilidade para as gerações futuras.

23

APROFUNDANDO!

[...]

No banho:

O banho deve ser rápido. Cinco minutos são suficientes para higienizar o corpo. A economia é ainda maior se, ao se ensaboar, você fechar o registro.

Banho de ducha por 15 minutos, com o registro meio aberto, consome 135 litros de água. Se você fechar o registro ao se ensaboar e reduzir o tempo do banho para 5 minutos, seu consumo cai para 45 litros. A redução é de 90 litros de água, o equivalente a 360 copos de água com 250 mL.

[...]

Ao escovar os dentes:

Se uma pessoa escova os dentes em 5 minutos com a torneira não muito aberta, gasta 12 litros de água. No entanto, se molhar a escova e fechar a torneira enquanto escova os dentes e, ainda, enxaguar a boca com um copo de água, consegue economizar mais de 11,5 litros de água.

Ao lavar o rosto:

Ao lavar o rosto em 1 minuto, com a torneira meio aberta, uma pessoa gasta 2,5 litros de água. A dica é não demorar!

O mesmo vale para o barbear: em 5 minutos gastam-se 12 litros de água. Com economia, o consumo cai para 2 a 3 litros. A redução é de 10 litros de água, suficiente para manter-se hidratado por pelo menos 5 dias!

Ao dar descarga:

O vaso sanitário não deve ser usado como lixeira ou cinzeiro e nunca deve ser utilizado à toa, pois gasta muita água. Deve-se também evitar jogar papel higiênico no vaso sanitário, tanto para evitar uma demanda maior de água, como para evitar entupimentos.

Um vaso sanitário com válvula e tempo de acionamento de 6 segundos gasta cerca de 12 litros. Quando a válvula está defeituosa, pode chegar a gastar até 30 litros. Por essa razão, deve-se manter a válvula da descarga sempre regulada, consertando-se os vazamentos assim que forem notados.

Alternativas ecológicas

Desde 2001 há à venda no mercado vasos sanitários que gastam apenas 6 litros por descarga, e vasos sanitários com caixas acopladas que gastam entre 3 e 6 litros por descarga, dependendo da finalidade de sua utilização.

Sempre que possível, deve-se substituir os vasos sanitários antigos pelos atuais, muito mais econômicos. O valor gasto na substituição é compensado pela redução do consumo e, consequentemente, da conta de água.

SABESP (São Paulo). *Em casa*. [São Paulo], [20--?].
Disponível em: http://site.sabesp.com.br/site/interna/Default.aspx?secaold=595. Acesso em: 30 maio 2020.

ATENÇÃO!

De acordo com a Organização das Nações Unidas, cada pessoa necessita de 3,3 mil litros de água por mês (cerca de 110 litros de água por dia para atender às necessidades de consumo e higiene). No entanto, no Brasil, o consumo por pessoa pode chegar a mais de 200 litros/dia. [...]

SABESP (São Paulo). *Dicas de economia*. [São Paulo], [20--?]. Disponível em: http://site.sabesp.com.br/site/interna/Default.aspx?secaoId=140. Acesso em: 30 maio 2020.

ESTUDO DE CASO 1

Considere uma família de cinco pessoas e responda às questões a seguir, com base no texto da seção Aprofundando.

1. Sabendo que cada pessoa dessa família toma dois banhos por dia, calcule e responda:

a) Quantos litros de água serão consumidos por dia se cada membro da família tomar uma ducha de 15 minutos a cada banho? E por mês?

b) Quantos litros de água serão consumidos por dia se cada membro da família tomar uma ducha de apenas 5 minutos a cada banho? E por mês?

c) Quantos litros de água serão economizados por dia se a ducha de cada membro da família for de 5 minutos, em vez de 15 minutos? E por mês?

2. Considere que cada membro dessa família escove os dentes três vezes ao dia. Calcule e responda:

a) Quantos litros de água essa família gastará por dia se cada membro demorar 5 minutos com a torneira não muito aberta em cada escovação? E por mês?

b) Quantos litros de água essa família gastará por dia se cada membro apenas molhar a boca, deixar a torneira fechada durante cada escovação e enxaguar a boca com a água reservada em um copo grande, com capacidade para meio litro? E por mês?

c) Quantos litros de água essa família economizará por dia caso todos os membros adotem a escovação indicada no item **b**, ou seja: apenas molhem a boca, mantenham a torneira fechada e usem a água reservada em um copo para enxaguar a boca? E por mês?

25

3. Considere que cada membro dessa família utiliza o vaso sanitário duas vezes ao dia, e então calcule e responda:

a) Quantos litros de água são gastos por dia? Faça um novo cálculo supondo que o vaso sanitário esteja com defeito e despenda 30 litros todas as vezes em que a descarga é acionada. E por mês: quantos litros de água são gastos em cada caso?

b) Quantos litros de água serão gastos por dia se o vaso sanitário for substituído por um que tenha caixa acoplada e consuma 3 litros de água a cada acionamento? E por mês?

c) Quantos litros de água serão economizados por dia se a família adotar o vaso sanitário indicado no item **b**? E por mês?

4. Qual é o gasto de água mensal total dessa família nas três primeiras questões, considerando-se as situações inadequadas (banho de 15 minutos, escovação dos dentes com torneira aberta por 5 minutos e vaso sanitário defeituoso)?

5. Qual é o gasto se considerarmos as situações ideais (banho de 5 minutos, escovação dos dentes com torneira fechada e vaso sanitário com caixa acoplada)?

6. Qual seria a economia mensal total se considerarmos as economias calculadas nas duas questões anteriores?

O ideal é que os banhos durem em média 5 minutos.

ESTUDO DE CASO 2

Considere que a empresa responsável pelo fornecimento de água da cidade em que você mora cobre as seguintes tarifas:

Consumo de água (m³)	Tarifa (R$)
Até 10	25,00/mês
De 11 a 20	3,91 por m³
De 21 a 50	9,77 por m³
Acima de 50	10,76 por m³

1. Qual valor foi pago por uma família que consumiu 55 m³ de água?
2. No mês seguinte, a família controlou o consumo de água, reduzindo-o para 40 m³. Qual foi o valor pago pela conta?
3. Qual foi o valor que a família economizou após reduzir o consumo?

ATENÇÃO!

As empresas de fornecimento de água contabilizam o consumo em m³ (metros cúbicos) de água. Para fazer os cálculos, lembre-se: 1 m³ equivale a 1000 L.

PENSE NISSO!

À medida que o gasto de água aumenta, a tarifa também sobe, pois a cobrança é calculada por faixas. Dessa maneira, vale muito a pena rever seus gastos e colocar em prática as ações de economia de água para a redução da conta. Isso contribui para o orçamento de casa e também para a conservação do meio ambiente.

A planilha no orçamento familiar

Agora, vamos usar o exemplo de uma família fictícia para auxiliá-lo a compreender a importância do orçamento familiar.

ESTUDO DE CASO 3

A família Brasil é composta por cinco integrantes. O pai trabalha em um Posto de Saúde e recebe um salário de R$ 3.250,00 por mês. A mãe é bancária e recebe R$ 3.750,00 por mês.

Dos três filhos, dois estudam em uma escola particular, que cobra mensalidade de R$ 850,00 por aluno, e o terceiro estuda em escola pública.

Os gastos com alimentação ficam em torno de R$ 1.400,00 por mês. O convênio médico totaliza R$ 1.750,00 para toda a família. O IPTU, imposto pago à prefeitura anualmente pelo imóvel, é de R$ 1.800,00 para a casa da capital e de R$ 960,00 para a casa dos avós, que foi um presente da Sra. Brasil a seus pais. O financiamento dessa casa custa mensalmente R$ 250,00.

O gasto com o IPVA (Imposto sobre a Propriedade de Veículos Automotores) é de R$ 1.200,00 por ano. As despesas com combustível somam R$ 600,00 por mês.

Fora isso, a família ainda gasta por mês: R$ 120,00 com a TV por assinatura, celulares etc.; na academia de esportes, R$ 750,00 para os três filhos e R$ 500,00 para os pais; e R$ 100,00 de mesada para cada um dos filhos.

Para facilitar o controle e evitar que gastem mais do que recebem, eles elaboraram uma planilha na qual passaram a marcar todas as despesas do mês, comparando-as com as receitas (os salários).

Copie no caderno o quadro abaixo e depois o complete.

Orçamento familiar			
Receitas	**R$**	**Despesas**	**R$**
Pai		Colégio	
Mãe		Alimentação	
		Convênio médico	
		IPTU pais	
		IPTU avós	
		IPVA	
		TV	
		Combustível	
		Financiamento	
		Esporte filhos	
		Academia pais	
		Mesada	
Total receitas		**Total despesas**	
Total receitas – total despesas = *******			

Note que algumas despesas devem ser divididas por 12, pois elas são anuais, como os impostos dos imóveis (IPTUs) e o do carro (IPVA).

Você deve ter reparado que o total de despesas, R$ 7.700,00, é maior que o total de salários, R$ 7.000,00.

Nesse caso, a família deve cortar gastos, até que seu orçamento atinja uma posição saudável e sustentável, ou seja, em que o total de receitas seja maior ou igual ao total de despesas.

$$\text{receitas} \geqslant \text{despesas}$$

Para isso, devemos organizar as despesas em ordem de importância, enumerando-as de acordo com seu nível de prioridade. A despesa número 1 deve ser a que você considera a mais importante de todas. As despesas com numeração mais alta serão as que têm menos prioridade e, se necessário, podem ser reduzidas ou cortadas.

Depois dessa análise, volte ao quadro que você elaborou no caderno e escreva as despesas conforme a importância. Marque as que podem ser cortadas ou reduzidas e calcule o novo total de despesas.

APLIQUE SEU CONHECIMENTO!

Agora é com você!

Em grupo de até cinco integrantes, imaginem uma família hipotética e estabeleçam valores para as despesas e receitas mensais dessa família. A quantidade de pessoas da família, o tipo e valor das receitas e despesas devem ser criados por vocês. Atentem para o fato de que devem existir vários itens na coluna das despesas e que o resultado do total de receitas menos o total de despesas seja positivo.

Orçamento familiar			
Receitas	**R$**	**Despesas**	**R$**
Total receitas		**Total despesas**	
Total receitas – total despesas = *****"			

SAIBA MAIS!

@ SITES:

- **9 fatos que vão fazer você economizar água a partir de agora**
  DARAYA, Vanessa. *Exame*, São Paulo, 15 maio 2014. Disponível em: https://exame.abril.com.br/tecnologia/9-fatos-que-vao-fazer-voce-economizar-agua-a-partir-de-agora-2/. Acesso em: 30 maio 2020.

  Aqui você encontra diversos dados sobre a quantidade de água disponível no planeta, bem como dicas interessantes de ações cotidianas, cujo objetivo é manter um consumo consciente desse precioso recurso.

- **SABESP**
  http://site.sabesp.com.br. Acesso em: 30 maio 2020.

  Nesta página, você pode pesquisar detalhes sobre como a água que consumimos é coletada e tratada, além de projetos em andamento para a preservação do meio ambiente.

CAPÍTULO 3
A HISTÓRIA DO DINHEIRO

O QUE VAMOS DISCUTIR?

- A ORIGEM DA IDEIA DE DINHEIRO
- OBJETOS USADOS COMO DINHEIRO
- O DINHEIRO HOJE
- FALTA DE DINHEIRO NO BRASIL

Você conhece pessoas de outros países? Já assistiu a algum filme, ouviu uma notícia ou acompanhou alguma compra pela internet em moeda estrangeira? Você sabia que o Real, a moeda que usamos no Brasil, é válida somente dentro do território nacional?

Cada país desenvolveu, ao longo de sua história, o próprio dinheiro, com cédulas e moedas em tamanhos, cores e figuras estampadas específicos. No nosso caso, o Real é a moeda oficial desde 1994, e seu nome vem de uma antiga moeda da Coroa portuguesa utilizada em suas colônias, como foi o Brasil no período entre 1530 e 1822.

Agora, você sabe como surgiram as primeiras moedas utilizadas pela humanidade?

1. Você conhece moedas de outros países? Se sim, cite alguns exemplos. Caso contrário, faça uma rápida pesquisa na internet e descubra.

2. O que aconteceria se tentássemos utilizar uma dessas moedas aqui no Brasil? E se tentássemos usar o Real em outro país?

3. O Real é representado por diferentes moedas e cédulas. Quais são elas?

Algumas moedas antigas. Em destaque, uma moeda romana com o rosto do imperador Maximus (século IV).

De onde vem o dinheiro?

Você já se perguntou quem inventou o dinheiro? Com essa questão, não estamos nos referindo ao banco ou à carteira de seus familiares, mas à ideia de trocarmos mercadorias por pedaços de papel ou porções de metal.

O dinheiro surgiu há muito, muito tempo. Desde a formação das primeiras comunidades humanas, a necessidade de troca é central: trocava-se um punhado de arroz por outros vegetais; um pouco de carne por moradia; um objeto de madeira ou metal por certa quantidade de sal, e assim por diante.

Mas quando, como e por qual razão o dinheiro apareceu, substituindo esse sistema de trocas de um item diretamente por outro? Não seria mais fácil continuar trocando um item que temos por outro que queremos, sem ter de envolver alguns pedaços de papel nisso?

1. O Brasil já teve várias moedas oficiais no decorrer de sua história. Pesquise alguns exemplos.

2. Por que um país precisa criar moedas e depois, muitas vezes, elas precisam ser substituídas? Elabore uma hipótese para essa questão.

Ilustração de antigos comerciantes.

O inusitado Robson

Para facilitar a compreensão, vamos imaginar um personagem, chamado Robson, que vive de um modo inusitado: completamente sozinho em uma grande ilha.

Como consequência, Robson precisa executar todas as tarefas essenciais à própria sobrevivência: ele caça, coleta vegetais, constrói seu abrigo, procura e reserva água, cultiva ervas medicinais, produz vestimenta e calçado, confecciona ferramentas etc. Dessa forma, Robson não precisa trocar nada com ninguém; ele produz tudo de que necessita, ou seja, é autossuficiente.

Representação da situação de Robson sozinho numa ilha, isolado, sem a companhia de outras pessoas. (A situação foi criada com base no romance *Robinson Crusoé*, escrito pelo francês Daniel Defoe (1660-1731), sobre um náufrago que passou 28 anos em uma ilha.)

Analisando a situação de Robson, você pode ter concluído que é muito difícil viver sozinho, a não ser que abra mão de todos os objetos que costuma usar e esteja em uma região com disponibilidade de plantas e animais para deles retirar seu sustento.

Então, a boa convivência e o relacionamento solidário entre as pessoas torna a vida mais fácil, pois elas podem realizar trocas dos bens que produzem, ou seja, esses bens podem circular na sociedade.

1. Agora, vamos pensar em outra situação, que você pode perceber muito facilmente hoje em dia: imagine uma pessoa que trabalha. Como ela faz para adquirir todos os bens necessários à sua sobrevivência? Como ela obtém alimentos, vestuário, remédios e consulta médica, educação e lazer?

PENSE NISSO!

Em grupo, conversem sobre os afazeres de seus familiares mais próximos (as tarefas domésticas diárias e os trabalhos remunerados, por exemplo) e respondam: Como vocês viveriam sem a ajuda dessas pessoas? O que teriam de fazer? E como deve ser a vida de um pequeno grupo de pessoas que vive isolado? Hoje, é possível uma pessoa viver completamente isolada?

Enquanto isso, perto de Robson...

Agora vamos imaginar que em outra ilha, perto de onde Robson mora, haja um jovem chamado Daniel que cultiva batatas ao redor de casa. Diferentemente de Robson, ele dedica seu tempo exclusivamente a uma única atividade: plantar batatas. Se precisar variar seu cardápio de alimentação, o que Daniel poderá fazer?

Uma possibilidade é ele fazer trocas com outras pessoas! Precisará recorrer a uma vizinha que produza, por exemplo, cenoura e trocar algumas batatas por um punhado de cenouras, variando um pouco o seu cardápio. A vizinha de Daniel, cansada de comer só cenouras, pode achar interessante trocá-las por um pouco de batatas.

33

Imagine que outra pessoa da mesma região crie galinhas; com trocas, Daniel e sua vizinha podem obter ovos. Há também uma pessoa que planta milho, uma que cria porcos e outra que confecciona roupas; assim, as possibilidades de troca aumentam.

Esse sistema ficou conhecido por **troca simples** ou **escambo**.

> **Escambo**: troca de mercadorias ou serviços sem fazer uso de moeda.

Complicando as coisas

Certo dia, Daniel percebeu que ficaria sem batatas, pois sua plantação ainda demoraria a crescer. E, além disso, queria variar o cardápio, pois estava enjoado de comer somente aquilo. Então, com um saco de batatas que ainda tinha guardado em casa, tenta obter cenouras da vizinha. No entanto, ela não deseja mais batatas, mas adoraria ter um pouco de ovos. Para complicar a situação, a vizinha criadora de galinhas também não deseja batatas, e sim milho.

1. No lugar do Daniel, que estratégia você adotaria para conseguir cenoura?

Quanto mais pessoas e produtos envolvidos, mais complexas se tornam as situações. Imagine, por exemplo, essa situação ampliada em cidades com milhares ou até milhões de habitantes. Essa prática de trocas seria absolutamente impossível!

Agora imagine um criador de vacas: ele só poderia realizar trocas em imensas quantidades, pois teria dificuldade de fracionar os animais para fazer trocas com pequenas porções: fracionar a vaca e trocar por uma porção de cenoura, por exemplo.

2. Que tipo de facilidade a batata ou a cenoura apresenta em relação às vacas nas trocas simples?

3. Em vez da carne dos animais, o que esse criador poderia utilizar nas trocas que seria mais facilmente fracionável?

Por outro lado, caso Daniel deseje adquirir uma vaca, precisará de centenas, talvez até milhares de batatas. Isso levaria tanto tempo e daria tanto trabalho que, ao colher e organizar as últimas batatas necessárias, as primeiras já poderiam ter apodrecido.

4. No sistema de trocas simples, qual é a vantagem de produzir, por exemplo, roupas em relação a batatas?

Facilitando as coisas

Ao longo da história, alguns itens foram, pouco a pouco, se tornando universais para a realização das trocas. O **sal**, por exemplo, por ser mais facilmente divisível que uma vaca e por ter mais durabilidade que a batata (ou outros vegetais facilmente perecíveis), passou a ser usado como meio de troca. As pessoas aceitavam trocar o que tinham por sal – mesmo que não precisassem dele –, pois sabiam que outras pessoas também aceitariam aquele item em trocas futuras.

CURIOSIDADES

No antigo Império Romano (há mais de 2 mil anos!), o sal tinha um valor muito elevado, pois ele era uma das poucas maneiras utilizadas para preservar a carne. É daí que surge a palavra **salário**, do latim *salarium*, que significa "pelo sal".

Outros materiais, como ouro, prata ou bronze, apesar de não terem utilidade imediata, passaram, com o tempo, a ser cada vez mais utilizados como meio de troca. Esse processo deu origem às moedas!

No passado, o sal foi utilizado como "moeda" de troca.

ATENÇÃO!

Ao longo da história, várias civilizações utilizaram diferentes materiais ou objetos como moeda de troca. Todos eles, no entanto, compartilhavam algumas características em comum, como a possibilidade de serem facilmente fracionados, terem valor de uso ou de troca e serem importantes para as atividades sociais.

35

1. Os metais preciosos têm características que proporcionam duas grandes vantagens e permitiram seu uso como meio de troca, ou seja, moeda. Quais são essas características?

2. Que outros materiais apresentam as mesmas vantagens dos metais preciosos e, por isso, também poderiam ter sido utilizados como moeda? Cite dois exemplos.

3. A areia é um item duradouro e facilmente fracionável. No entanto, por que ela não seria um bom meio para trocas?

4. O que é mais importante: água ou diamante? No entanto, qual desses itens é mais valioso? A que você atribui essa diferença?

5. Observe a manchete a seguir, extraída de uma revista, sobre o aumento do preço da carne no final de 2019:

   Preço da carne atinge maior nível dos últimos 30 anos – até quando?
   Do início de setembro para cá, o valor da carne bovina no atacado já subiu quase 50%; analistas apostam em até 4 meses para que volte ao normal

   TUON, Ligia. Preço da carne atinge maior nível dos últimos 30 anos – até quando? *Exame*, São Paulo, 3 dez. 2019. Disponível em: https://exame.abril.com.br/economia/preco-da-carne-sobe-simulando-lancamento-de-um-foguete-ate-quando/. Acesso em: 30 maio 2020.

   Nessa manchete, o aumento do preço da carne no Brasil ocorreu, principalmente, em razão do aumento das vendas do produto para a China, o que fez com que a quantidade de carne disponível no Brasil caísse bastante. Comente esse mecanismo de elevação dos preços no Brasil.

6. Imagine, agora, que sua escola é uma cidade. Que itens de seu dia a dia poderiam acabar se tornando uma moeda de troca?

7. Se o município em que você mora adotasse um sistema de trocas simples, quais seriam os itens mais valiosos? Por quê?

8. Imagine agora um cenário apocalíptico: a eletricidade deixou de existir, assim como escolas, fábricas e lojas. Os itens da questão anterior ainda seriam os de maior valor? Se não, quais novos itens você imagina que seriam os mais valiosos?

Representação de um cenário apocalíptico.

Dinheiro hoje

- Para que você precisa de dinheiro?

Atualmente, é muito difícil imaginar a vida sem o dinheiro. Ele torna práticas as situações em que precisamos conseguir os produtos necessários para a vida. Já pensou se tivéssemos de recorrer a trocas para obter tudo o que precisamos?

Precisamos dele para nos alimentar, nos locomover, morar em uma casa, viajar, estudar, enfim, para quase tudo!

É comum também a associação de dinheiro com felicidade.

Deve-se considerar que o dinheiro não é, em si, bom ou ruim, não tem um valor moral. Em outras palavras, ele é apenas uma ferramenta para conquistar o que precisamos e sonhamos.

ESTUDO DE CASO 1

Cláudia é uma jovem que ganha mensalmente R$ 2.500,00. Ela gasta R$ 900,00 por mês com o aluguel. Paga também as contas de água, luz e internet, que totalizam aproximadamente R$ 300,00.

Segundo seus cálculos, gasta com supermercado cerca de R$ 150,00 por mês e, como tem o costume de comer fora com certa frequência, outros R$ 450,00 mensais em restaurantes. Como deseja crescer na carreira profissional, Cláudia faz um curso de especialização que lhe custa R$ 300,00 mensais.

Por fim, ela gasta em torno de R$ 200,00 por mês com outras necessidades e desejos de seu dia a dia, como um café à tarde ou um ingresso de cinema.

1. Com o auxílio do professor e os conhecimentos dos quais se apropriou nos capítulos anteriores, monte um quadro com os ganhos e gastos de Cláudia. Quanto sobra para ela por mês?

2. A jovem sonha em fazer uma longa viagem pela América Latina. Segundo suas estimativas, isso lhe custaria algo em torno de R$ 5.000,00. Se de tudo que consegue guardar, todo mês, ela destinar metade para essa viagem, em quanto tempo conseguirá juntar o dinheiro necessário?

3. Faça um novo quadro com os gastos de Cláudia, mostrando em que ela poderia economizar para conseguir realizar seu sonho em, no máximo, dois anos. Para isso, organize as despesas em ordem de importância.

É preciso considerar os gastos e os ganhos...

pathdoc/Shutterstock.com

37

Quando o dinheiro falta

Segundo dados do Instituto Brasileiro de Geografia e Estatística (IBGE), o Brasil tem atualmente cerca de 211 milhões de habitantes. Desses, aproximadamente 55 milhões (população equivalente à da Inglaterra!) vivem em condições de pobreza. Isso significa que, apesar de às vezes conseguirem dinheiro para a sobrevivência, eles vivem em péssimas condições, sem acesso a recursos básicos, como tratamento de água e esgoto, saúde, moradia. E não sobra dinheiro para que possam, por exemplo, pensar em sonhos materiais e em formas de realizá-los, mesmo os mais simples.

Vale ressaltar que nosso país tem aproximadamente 13,5 milhões de pessoas extremamente pobres: elas ganham menos de 145 reais por mês! Essas pessoas são privadas de sonhos materiais e da satisfação das necessidades fundamentais.

NERY, Carmen. Extrema pobreza atinge 13,5 milhões de pessoas e chega ao maior nível em 7 anos. *Agência de notícias IBGE*, Rio de Janeiro, 6 nov. 2019. Disponível em: https://agenciadenoticias.ibge.gov.br/agencia-noticias/2012-agencia-de-noticias/noticias/25882-extrema-pobreza-atinge-13-5-milhoes-de-pessoas-e-chega-ao-maior-nivel-em-7-anos. Acesso em: 30 maio 2020.

Vista aérea da comunidade da Rocinha, no Rio de Janeiro, uma das maiores da América Latina.

APROFUNDANDO!

Você já ouviu falar da pirâmide de Maslow? Ela foi desenvolvida pelo psicólogo estadunidense Abraham Harold Maslow (1908-1970) para representar, de modo muito interessante, a hierarquia das necessidades humanas.

Na base da pirâmide estão as necessidades fisiológicas, como comer e respirar. Somente quando satisfeitas essas necessidades, o ser humano vai em conquista da etapa seguinte, que é a segurança – de seu corpo e da família, por exemplo. As necessidades sociais, de autoestima e de autorrealização – amizades, afetos, desenvolvimento pessoal, sonhos – só se tornam importantes quando as necessidades anteriores estiverem plenamente realizadas.

A pirâmide de Maslow (1954).

1. Observe a pirâmide de Maslow e reflita:

No caso das pessoas que vivem em situação de pobreza, quais necessidades da pirâmide você considera que estão sendo atendidas? E no caso das pessoas extremamente pobres?

2. Todo ano a revista **Forbes** divulga a lista das pessoas mais ricas do mundo. Abaixo estão cinco delas, a empresa à qual se relacionam e seu patrimônio, segundo dados de 2019.

Nome	Empresa	Patrimônio
Jeff Bezos	Amazon	US$ 131 bilhões
Bill Gates	Microsoft	US$ 96,5 bilhões
Warren Buffett	Investidor	US$ 82,5 bilhões
Bernard Arnault	Louis Vuitton e Sephora	US$ 76 bilhões
Carlos Slim	America Movil	US$ 64 bilhões

Fonte: SUTTO, Giovanna. As 20 pessoas mais ricas do mundo, segundo a Forbes. *InfoMoney*, [São Paulo], 6 mar. 2019. Disponível em: https://www.infomoney.com.br/carreira/as-20-pessoas-mais-ricas-do-mundo-segundo-a-forbes/. Acesso em: 30 maio 2020.

Com um ou dois colegas, discutam a relação entre as informações desse quadro e os dados do IBGE apresentados anteriormente. O que vocês podem concluir?

APLIQUE SEU CONHECIMENTO!

Nós vimos neste capítulo que os grupos humanos desenvolveram as próprias moedas ou utilizaram recursos disponíveis no dia a dia com essa finalidade. Chegou a hora de você e seus colegas criarem uma **moeda**!

1. Em grupo, discutam brevemente quais seriam as características da moeda que vocês vão criar. Aproveitem para revisar tudo que aprenderam no capítulo.

2. A moeda de vocês será algo novo ou aproveitarão algum recurso do cotidiano? É importante que justifiquem essa escolha depois; portanto, pensem bem! Caso a moeda seja criada, façam um esboço dela.

3. Para que funcione bem, a moeda precisa ser confiável. Não deve permitir falsificações. Que estratégia vocês poderão utilizar para evitar que isso aconteça?

4. É hora das trocas! Apresentem a moeda de vocês a outro grupo, peçam que a analisem e digam se trocariam a moeda deles pela de vocês.

5. De volta ao grupo original, conversem sobre as considerações dos demais grupos sobre a moeda de vocês e decidam se há alguma mudança que possam fazer para aperfeiçoá-la.

SAIBA MAIS!

SITE:

- **Moedas do Brasil**
  Catálogo das moedas brasileiras. Disponível em: www.moedasdobrasil.com.br/moedas/series.asp?s=1. Acesso em: 30 maio 2020.

  Nesse *link* você encontra informações gerais sobre as moedas que utilizamos no Brasil atualmente, incluindo o período político em que foram criadas, comentários dos rostos estampados e todas as informações do anverso e reverso (conhecidos como cara e coroa), além das características físicas como diâmetro, espessura, peso e metais de que são feitas. O *site* apresenta ainda informações sobre todas as moedas cunhadas no Brasil desde o século XVI.

CAPÍTULO 4
O PÚBLICO E O PRIVADO

O QUE VAMOS DISCUTIR?

- RECURSOS PÚBLICOS E PRIVADOS
- RECEITAS E DESPESAS
- TRIBUTOS
- LUCRO E PREJUÍZO
- POUPANÇA E INVESTIMENTO

Júlia estuda no período da manhã em uma escola perto da sua casa. Ela usa a bicicleta todos os dias para ir à escola. Nos últimos dias, vem observando que as ruas do bairro estão mais sujas.

A garota estava pensando nesse problema quando resolveu tomar um banho, antes de almoçar. E apareceu outro problema. Ela descobriu que o chuveiro havia queimado e teve de tomar banho frio.

Durante o almoço, comentou com os pais sua observação sobre a poluição das ruas do bairro, o descuido com a limpeza e também reclamou do chuveiro quebrado.

1. Na sua opinião, os pais de Júlia devem tentar resolver o problema de seu bairro, limpando-o? Por quê?
2. Na sua opinião, os pais de Júlia devem tentar resolver o problema do chuveiro, consertando-o? Por quê?
3. O que a família de Júlia pode fazer em relação à sujeira no bairro?
4. Na sua visão, qual é a diferença entre as soluções a serem implementadas nos dois problemas relatados pela garota?

Vista aérea de um bairro residencial.

Arina P Habich/Shutterstock.com

O caminho do dinheiro

O que as decisões e os afazeres do solitário Robson e do agricultor Daniel, do capítulo anterior, têm em comum com os da sua família, da sua escola ou mesmo do Brasil? Todas envolvem administrar alguns recursos!

No caso de Robson, o principal recurso administrado seria o tempo: quanto mais se dedicar, por exemplo, para obter água potável, menos lhe sobra tempo para melhorar seu abrigo ou procurar alimentos. No caso de Daniel, os recursos principais que ele tem de administrar são o solo fértil e as batatas para o plantio.

1. No caso de uma família como a sua, qual seria o principal recurso a ser administrado para o equilíbrio financeiro?

2. E no caso de uma empresa, por exemplo, que produz *pizzas*, quais são, na sua opinião, os principais recursos a serem administrados para seu funcionamento?

3. De que recursos uma escola precisa para funcionar? Pense em opções diferentes das respondidas nas questões anteriores.

A água, o solo e a vegetação também são considerados recursos naturais essenciais à vida.

O dinheiro é um recurso importante para as atividades econômicas ou sociais. Vamos então discutir o caminho que ele faz nas sociedades modernas. Ao longo deste capítulo, vamos entender melhor o que é o dinheiro, de onde ele vem e como famílias, empresas e países costumam utilizá-lo.

Foram discutidas, no capítulo 2, as ideias de receita e despesa, e agora o estudo será voltado a entender melhor como o dinheiro circula na sociedade, principalmente como ele é obtido e gasto. Ou seja, vamos entender o fluxo do dinheiro, o que é fundamental para mantermos algo quase tão importante quanto a nossa saúde física: a saúde financeira!

De quem é o problema?

Quando precisamos comprar ou consertar algo em nossa casa, como o chuveiro, sabemos que a responsabilidade por isso é totalmente nossa. O chuveiro, o fogão, a televisão, entre outros objetos que temos em casa, são o que chamamos de **bens privados**. Eles pertencem a uma pessoa ou a uma família.

Da mesma forma, a rotina da família, os gostos, as escolhas, os valores fazem parte de sua **vida privada**. Isso quer dizer que essas questões são de responsabilidade da família e não se pode tomar os bens que a família adquiriu para si, tampouco proibir hábitos, escolhas, valores – a não ser que eles prejudiquem outras pessoas.

Já a iluminação das ruas, o saneamento básico, a coleta de lixo, as praças, os parques, algumas escolas e hospitais são considerados **bens e serviços públicos**. Isso significa que os governos são responsáveis por sua manutenção, limpeza e construção. No entanto, ao contrário do que se pode pensar, a responsabilidade por esses bens não é apenas dos governos. Por se tratar de bens utilizados por toda a população, a responsabilidade por eles é de **todos**.

A moradia, as roupas e os objetos que existem na casa são considerados bens privados.

43

1. Para cada item a seguir, indique se o bem ou serviço é público ou privado.

a) Fone de ouvido.

b) Sua escola.

c) Uma praça.

d) Uma praia.

e) Coleção de gibis de uma biblioteca municipal.

f) O carro de sua família.

g) O transporte coletivo de sua cidade.

h) Um clube.

2. Nas universidades públicas, o acesso aos laboratórios deve ser livre a todos os cidadãos ou controlado? Discuta a questão com os colegas e o professor.

> **APROFUNDANDO!**
>
> As universidades são importantes centros de estudo e pesquisa no país e, dentre elas, as públicas estão entre as melhores do Brasil. O ensino nas universidades públicas é gratuito, e os estudantes que têm dificuldades financeiras podem receber auxílios para a moradia, a alimentação e outros gastos.
>
> Nessas universidades, há importantes laboratórios com equipamentos que chegam a custar, cada um, alguns milhões de reais.
>
>
>
> Vista aérea da Universidade Estadual de Campinas (Unicamp/SP), uma das mais importantes do país pela formação dos estudantes e pesquisas científicas desenvolvidas.

Quem paga a conta?

Quando uma pessoa deseja ir a um restaurante, viajar ou adquirir uma camiseta, precisa ter dinheiro para pagar por isso, pois são bens ou serviços privados.

No entanto, se a iluminação e a limpeza das ruas e a coleta de lixo são serviços públicos, quem paga por eles, já que se trata de serviços gratuitos?

45

A verdade é que todos nós estamos pagando. O governo é responsável por oferecer esses serviços à população, empregando seu orçamento, em teoria, da melhor forma possível para a população. No entanto, cada cidadão contribui com esse orçamento ao pagar tributos, como os impostos. Por sermos responsáveis pelo custeio e usuários de todos os bens e serviços públicos, nosso papel é zelar por eles e cobrar dos governos federal, estadual e municipal que o direito de uso seja estendido à população de modo a promover a justiça social.

O Congresso Nacional, em Brasília (DF), local onde trabalham os deputados e os senadores da República.

1. Existem bens e serviços que, apesar de serem oferecidos pelos governos de forma gratuita, também podem ser comprados. Dê ao menos dois exemplos.

2. Em sua opinião, uma pessoa tem direito de estragar um bem público, uma vez que também pagou por ele?

PENSE NISSO!

Você se sente responsável pelos gastos da sua família e pelos bens que ela possui? Como sua família adquiriu ou adquire o que tem? De que modo você pode contribuir para o equilíbrio do orçamento doméstico?

46

De onde vem a riqueza do país?

Todo país gera riquezas. Se somarmos o valor de tudo que foi fabricado no Brasil durante um ano – de bicicletas a aviões, de mochilas a computadores – com todos os serviços – cabeleireiros, dentistas, professores, conserto de máquinas, construção de prédios, restaurantes –, temos o que chamamos de **Produto Interno Bruto (PIB)** do país. Esse cálculo mede, basicamente, a riqueza produzida no país ao longo do período de um ano.

O PIB é uma das maneiras mais importantes para analisar a riqueza e a saúde financeira de um país ou região. Entender seu significado nos permite chegar a importantes conclusões.

Vamos analisar alguns dados e aprofundar nosso entendimento dessa ferramenta de estudo.

1. O gráfico a seguir apresenta a evolução do PIB brasileiro ao longo dos últimos 16 anos.

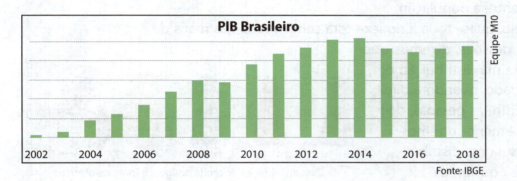

Fonte: IBGE.

   a) Em quais anos o PIB brasileiro foi menor que no ano anterior?
   b) Em quais anos o PIB brasileiro teve maior crescimento?

2. Você acha que um PIB alto é positivo para a qualidade de vida da população de um país? Por quê?

3. Em sua opinião, para avaliar a qualidade de vida de um povo basta identificar o PIB do país? Explique.

4. Leia a manchete a seguir e responda às questões.

Brasil tem 2ª maior concentração de renda do mundo, diz relatório da ONU

O 1% mais rico concentra 28,3% da renda total do país, conforme *ranking* sobre o desenvolvimento humano. Brasil perde apenas para o Catar em desigualdade de renda, onde 1% mais rico concentra 29% da renda.

BRASIL tem 2ª maior concentração de renda do mundo, diz relatório da ONU. *G1*, [Rio de Janeiro], 9 dez. 2019. Disponível em: https://g1.globo.com/mundo/noticia/2019/12/09/brasil-tem-segunda-maior-concentracao-de-renda-do-mundo-diz-relatorio-da-onu.ghtml. Acesso em: 30 maio 2020.

a) Com base na notícia, podemos afirmar que o PIB brasileiro é baixo? Por quê?

b) Você considera justa a situação retratada?

c) Com um colega, discuta o que pode ser feito para mudar essa situação.

5. Suponha que todos os países do mundo aumentem muito a sua produção a cada ano. Isso pode ter algum impacto no meio ambiente? Reflita e justifique sua resposta.

ATENÇÃO!

É muito comum ouvirmos ou lermos nos noticiários a expressão "distribuição de renda". Ela indica o quanto a riqueza (renda) de uma região, como um município ou um país, está bem distribuída entre a população.

Se, por exemplo, quase toda a riqueza está concentrada nas mãos de algumas poucas pessoas, dizemos que a região apresenta má distribuição de renda. Por outro lado, quando a diferença de renda entre as pessoas, de uma forma geral, é menor, dizemos que a região possui uma distribuição de renda mais equilibrada.

Uma distribuição de renda desigual é fonte de diversos problemas sociais.

Popartic/Shutterstock.com

Mas o que a riqueza e o PIB têm a ver com o orçamento, ou seja, os recursos de um país?

São conceitos relacionados, pois os governos arrecadam parte da riqueza com os **tributos** e assim podem oferecer os mais variados serviços à população: iluminação de ruas, construção de estradas, educação, saúde, pagamento a funcionários e muitas outras coisas.

Quando você compra, por exemplo, uma bicicleta, parte do valor pago não vai para a empresa que a produziu, e sim para o governo, na forma de um **imposto** chamado Imposto sobre Circulação de Mercadorias e Serviços (ICMS). O mesmo acontece com parte do valor que você paga a um dentista, uma porcentagem vai para o governo por meio do Imposto sobre Serviços (ISS). E, quando alguém da sua família recebe o salário, parte desse valor também é destinado ao governo por meio de outro imposto chamado de Imposto de Renda (IR).

Basicamente, os impostos que os governos arrecadam podem ser divididos em dois tipos:

- **impostos diretos**: são proporcionais à renda da pessoa. Quanto mais se ganha, mais se paga. O Imposto de Renda (IR) é o principal imposto desse tipo;
- **impostos indiretos**: não dependem do quanto se ganha, mas do quanto se gasta. O Imposto sobre Circulação de Mercadorias e Serviços (ICMS) é o principal imposto desse tipo.

Tributos, impostos e taxas

Apesar de serem tratados como sinônimos, há importantes diferenças entre esses termos.

Tributo é tudo aquilo que, por força da lei, somos obrigados a pagar aos governos. Entre os diversos tributos estão os **impostos** (como os já citados anteriormente) e as **taxas**, que são valores pagos pela utilização de alguns serviços públicos (como o pagamento que fazemos para obter a licença para dirigir).

49

Ainda sobre os impostos, é importante sabermos também que eles são divididos em impostos federais, estaduais e municipais, dependendo de sua destinação: governo federal, governos dos estados ou prefeituras dos municípios.

1. Vereadores, governadores, deputados, senadores, prefeitos, presidente... Você sabe qual é a área de atuação de cada um desses cargos eleitos pelo voto? Faça uma pesquisa e, com o auxílio do professor, descubra quais cargos são municipais, estaduais e federais.

2. Você conhece algo a respeito da política do município em que mora? Em dupla, façam uma pesquisa e descubram o nome do prefeito e de ao menos um vereador que atue na região em que vocês moram.

3. Você conhece alguma obra que está sendo realizada ou foi realizada recentemente em seu bairro? Se sim, qual ou quais?

4. Qual é, na sua opinião, o principal problema do bairro onde você mora? E do município?

5. Imagine que você possa resolver um problema social do Brasil. Qual seria? Você acha que a solução para esse problema é muito complexa e cara?

O que você conhece sobre o bairro, o município e as pessoas que vivem perto de você?

Da mesma forma que uma família age, o governo precisa ser responsável com o dinheiro. Além de oferecer os melhores serviços possíveis à sociedade, deve ser capaz de administrar com sabedoria seus recursos, gastando da maneira mais justa para a sociedade e, também, realizando investimentos para poder ter mais recursos e proporcionar mais qualidade de vida à população no futuro.

> **Receita**: todo valor que é recebido por um governo, uma empresa ou uma pessoa. Tem o mesmo significado de **renda**.

Receitas, despesas: gastar ou economizar?

Toda arrecadação recebida pelos governos, seja por meio de taxas ou por impostos, pode ser definida como sua **receita**. É caso semelhante ao das receitas que compõem o orçamento familiar, como vimos no capítulo 2, lembra? Lá, você fez uma breve pesquisa sobre esse termo; aqui, vamos formalizar o conceito.

Da mesma forma, tudo aquilo que o governo gasta pode ser considerado **despesa**, seja pagando seus funcionários, construindo novos hospitais ou mesmo trocando lâmpadas de postes. É semelhante, mais uma vez, às despesas que compõem o orçamento familiar, que vimos no capítulo 2.

A tabela a seguir apresenta o percentual do orçamento de alguns governos gasto com saúde e o percentual do orçamento das famílias gasto com esse mesmo serviço em diferentes países.

> **Despesa**: tudo aquilo que é gasto ou consumido por um governo, uma empresa ou uma pessoa.

País	Gasto do governo	Gasto das famílias
Alemanha	9,5%	1,8%
França	9,4%	1,9%
Japão	9,2%	1,7%
Suíça	7,9%	4,5%
Brasil	3,9%	5,4%
México	2,8%	2,7%

Fonte: SILVEIRA, Daniel. Gasto de brasileiros com saúde privada em relação ao PIB é mais que dobro da média dos países da OCDE, diz IBGE. *G1*, [Rio de Janeiro], 20 dez. 2019. Disponível em: https://g1.globo.com/economia/noticia/2019/12/20/gasto-de-brasileiros-com-saude-privada-em-relacao-ao-pib-e-mais-que-dobro-da-media-dos-paises-da-ocde-diz-ibge.ghtml. Acesso em: 12 jun. 2020.

1. Quais são os três países nos quais os governos mais gastam com saúde?

2. Quais são os três países nos quais as famílias menos precisam gastar com saúde?

3. Na sua opinião, existe alguma relação entre esses valores? Qual seria?

Quando um governo arrecada e gasta de forma responsável, ele garante a qualidade de vida da população, possibilitando acesso a serviços – como transporte, saúde e educação – de qualidade. Além disso, promove uma redução nos gastos das famílias da região!

Veja o exemplo: quando há transporte público e coletivo de qualidade, com fluxo de ônibus, metrôs e trens organizado e que atenda de forma eficiente à população, as pessoas tendem a gastar menos com transporte privado. Caso sua família possua automóvel e o utilize diariamente, pergunte a um adulto quanto se gasta por mês, em média, com esse tipo de transporte. A mesma pesquisa vale para gastos com escolas e sistemas de saúde privados, entre outros serviços.

4. Em grupo com quatro a cinco integrantes, pesquisem e discutam a situação dos principais serviços públicos do município: educação, saúde, moradia, transporte, saneamento e segurança. Cada grupo fica responsável pela pesquisa de um tema e, em seguida, faz uma apresentação à turma.

Vida privada

Da mesma forma que os governos, as empresas e as pessoas têm suas **receitas** e **despesas** e devem agir de modo planejado e responsável para garantir o equilíbrio financeiro.

1. No caso de uma família, quais são, em geral, as principais fontes de receita?

2. E quais são as principais despesas?

Lucro, poupança e investimento

Toda empresa tem receitas e despesas. O objetivo dos seus negócios é gerar o máximo de receita, mantendo as despesas no menor nível possível, para garantir que as receitas sejam maiores que as despesas. Sempre que isso acontece, a empresa obtém **lucro**.

Na situação oposta, quando as despesas superam as receitas, afirmamos que a empresa teve **prejuízo**.

> **Lucro**: diferença entre receitas e despesas.
>
> lucro = receitas − despesas

ESTUDO DE CASO 1

A empresa Choco-Kero vendeu, no mês de abril, 8 000 pacotes de chocolate a R$ 6,00 cada um. Segundo os cálculos do seu proprietário, as despesas da empresa foram as seguintes:

Barra de chocolate.

Despesas	Valor
Pagamento a funcionários	R$ 18.000,00
Compra de ingredientes	R$ 9.000,00
Contas (água, luz, aluguel...)	R$ 4.000,00
Outros	R$ 5.000,00

1. Qual foi a receita da Choco-Kero no mês de abril?

2. E a despesa?

3. A Choco-Kero teve lucro ou prejuízo no mês de abril? E de quanto foi?

E o que as empresas, os governos ou até mesmo os indivíduos fazem com o dinheiro que sobra?

Basicamente, há duas opções possíveis: poupar ou investir.

A **poupança** é todo o dinheiro que conseguimos economizar durante certo período. Você já pensou em começar a poupar dinheiro? Pense, sempre que possível, em como reduzir algumas despesas para conseguir poupar. Lembra-se da conversa sobre os nossos sonhos? Poupar é a estratégia mais eficiente de conquistar os sonhos no futuro!

Já o **investimento** é um pouco mais amplo. Ele existe quando aplicamos o dinheiro poupado em algo que pode nos render mais dinheiro no futuro. A compra de ações de uma empresa ou de títulos de um banco são exemplos de investimento.

Todo investimento apresenta algum risco, por isso é importante ter bastante conhecimento sobre o assunto antes de se arriscar nessa área.

APLIQUE SEU CONHECIMENTO!

No capítulo anterior, você participou de uma atividade em que criou uma moeda. Vários exemplos foram elaborados. Chegou a hora de a turma eleger uma das moedas criadas, que será a oficial para outras atividades que desenvolverão.

Para isso, reúnam-se novamente em grupos e preparem uma breve apresentação da moeda de vocês. Considerem eventuais mudanças com base nas trocas de informações já efetuadas entre os grupos.

Em seguida, façam uma apresentação para toda a turma e, no final, elejam a moeda oficial da classe!

SAIBA MAIS!

VÍDEOS:

- **Até que a sorte nos separe**
  Direção: Roberto Santucci. Brasil: Paris Filmes, 2012. 104 min.

  Comédia que conta a história de Tino, um *personal trainer* que tem sua vida transformada depois de ganhar um prêmio de 100 milhões de reais na loteria.

- **Ilha das flores**
  Direção: Jorge Furtado. Brasil: Casa de Cinema de Porto Alegre, 1989. 13 min.

  O premiado documentário aborda a interferência da economia nas relações humanas desiguais.

UNIDADE 2
DO SONHO À AÇÃO

Nesta unidade, você vai continuar trilhando o seu caminho de aprendizado no campo da Educação Financeira!

Dessa vez, além de aprofundar um pouco a questão dos sonhos, iniciada na unidade anterior, vamos tratar de temas mais específicos, como empreendedorismo, sustentabilidade, inflação, noções de lucro bruto e líquido e muito mais!

Antes de prosseguir, reflita sobre as seguintes questões:

1. A palavra "empreender" significa "decidir, ou ao menos tentar, realizar alguma tarefa difícil". Alguma vez você já se deparou com uma situação assim? Conte a seus colegas.

2. Você habitualmente tem atitudes sustentáveis, como reutilizar objetos ou economizar água? Faça uma lista.

3. Houve uma época no Brasil, por volta dos anos 1990, em que as pessoas iam ao supermercado e viam que os preços dos produtos aumentavam todos os dias. Imagine que loucura! Pergunte a seus familiares como se chamava esse fenômeno de aumento constante nos preços e compartilhe a resposta com seus colegas.

CAPÍTULO 5

SONHAR ACORDADO

O QUE VAMOS DISCUTIR?

- DIREITO A SONHOS
- NECESSIDADES E DESEJOS
- PLANEJAMENTO FINANCEIRO

Direito a sonhos

Eu tenho um sonho que um dia esta nação se levantará e viverá o verdadeiro significado de sua crença – nós celebraremos estas verdades e elas serão claras para todos, que os homens são criados iguais.

Trecho do discurso "Eu tenho um sonho" (1963), de Martin Luther King.

Em 28 de agosto de 1963, Martin Luther King eternizou as palavras "Eu tenho um sonho..." em seu discurso de luta pela igualdade racial nos Estados Unidos. Ele foi um grande líder político estadunidense que lutou pelos direitos políticos e civis em seu país. Entretanto, muito mais do que sonhar, ele planejou e realizou, por meio da não violência, diversas ações em prol de suas causas, tendo sido reconhecido com o Prêmio Nobel da Paz em 1964.

PENSE NISSO!

Quais são seus maiores sonhos? Você tem alguma ideia de como pode torná-los realidade?

Vista parcial do Memorial de Martin Luther King em Washington, D.C., nos Estados Unidos.

Andrea Izzotti/Shutterstock.com

Indo além dos sonhos...

A diversidade humana é incontestável. Cada um de nós é diferente do outro – temos famílias, hábitos, interesses e vontades diversos – e, por isso, temos também sonhos diferentes. Sonhos de justiça, liberdade e igualdade de oportunidades, como os de Martin Luther King, não podem ser comercializados, ou seja, comprados. Envolvem princípios e sentimentos e são definidos como **sonhos não materiais**.

Além desses, há sonhos relacionados com a propriedade de um produto ou serviço, como um carro, uma casa, um celular, um item de vestuário, uma viagem. Esses sonhos, associados ao consumo, são conhecidos como **sonhos materiais**.

1. Considere os sonhos que você e os colegas indicaram na página anterior. Classifique-os em sonhos materiais e não materiais.
2. A maioria desses sonhos é material ou não material?
3. Você considera mais importantes os sonhos materiais ou não materiais? Justifique.

Considerando que os hábitos de consumo de grande parte das pessoas da sociedade em que vivemos são, muitas vezes, exagerados ou motivados por desejos pessoais relacionados somente a *status*, pode parecer que os sonhos não materiais são "mais nobres" ou mais altruístas que os sonhos de consumo. Entretanto, isso não é um fato absoluto.

Ter sonhos materiais é importante, pois a compra e a venda de itens promovem a circulação de mercadorias e de dinheiro dentro e fora do país, trazendo resultados positivos para a economia, e podem nos trazer conforto e conhecimentos. Contudo, é interessante ter sonhos que nos motivem não apenas a adquirir mais bens ou serviços, mas que também nos levem a ser pessoas com valores humanos mais sólidos.

É apropriado buscar equilíbrio entre nossos sonhos materiais e não materiais.

57

Reconhecer se um sonho é material ou não nos auxilia no encontro do equilíbrio pessoal e na busca de ações específicas para torná-lo realidade.

Os sonhos não materiais, em geral, dependem de fatores mais subjetivos e do envolvimento de outras pessoas, portanto, é difícil mensurar um prazo para que se tornem realidade. Já os sonhos materiais, por estarem relacionados a circunstâncias concretas, **podem e devem ter prazos** para serem realizados. E, como sabemos, esses prazos podem ser curtos, médios ou longos.

4. Cite três vontades que você gostaria de realizar, sendo uma de curto prazo, a outra de médio e a última de longo prazo. Descreva ações que podem ajudar na realização de cada um desses sonhos.

5. Pense nos seus sonhos materiais: você considera todos eles essenciais? Por quê?

6. Você sabe diferenciar **desejo** de **necessidade**? Explique.

Necessidades e desejos

Tudo aquilo que consumimos ou sonhamos consumir pode ser classificado em duas categorias: **desejo** ou **necessidade**.

No rol das necessidades estão os recursos essenciais para a sobrevivência: moradia, roupas, alimentação. Ou seja, as necessidades não são criadas, elas existem naturalmente e independem de qualquer outro fator. Já os desejos não são essenciais; em geral, são resultado de impulsos de consumo e nos dão a sensação de felicidade. Por exemplo, adquirir roupas modernas e de qualidade ou comer em determinados restaurantes podem nos dar sensação de prazer e felicidade, mas não são fundamentais para nos manter vivos. Claro que consumos para atender a certos desejos não precisam ser abolidos, na medida do possível, mas é importante reconhecer a natureza de cada um dos nossos sonhos. Quando temos clareza a respeito de um sonho ser um desejo ou uma necessidade, podemos fazer melhores escolhas e fica mais fácil planejar ações para torná-lo real.

As necessidades humanas podem ser representadas na pirâmide de Maslow, vista no capítulo 3. Ela foi desenvolvida em 1954 pelo psicólogo estadunidense Abraham Harold Maslow (1908-1970) e representa a hierarquia das necessidades humanas de modo bastante interessante. Nela, quanto mais próxima à base está uma necessidade, mais essencial ela é. Além disso, a pirâmide propõe que, para alcançar a necessidade de determinado nível, as necessidades dos níveis inferiores devem estar satisfeitas.

1. Com a turma, faça uma representação da pirâmide de Maslow. Para a atividade coletiva, usem a lousa, papel *kraft* ou cartolina. Escolham os materiais com o professor. Em cada nível da pirâmide, desenhem ou colem figuras que correspondam às respectivas necessidades.

2. Agora, individualmente, cite exemplos pessoais de:
   a) necessidades fisiológicas;
   b) necessidades de segurança;
   c) necessidades sociais;
   d) necessidades de autoestima;
   e) necessidades de autorrealização.

3. Você acredita que existe um padrão de necessidades para todas as pessoas, ou seja, as necessidades são semelhantes? Justifique.

4. Em sua opinião, quais fatores influenciam nas necessidades e nos desejos de uma pessoa?

5. Vamos retomar uma notícia já abordada no capítulo 4, mas desta vez sob outro foco de análise:

> **Brasil tem 2ª maior concentração de renda do mundo, diz relatório da ONU**
>
> O 1% mais rico concentra 28,3% da renda total do país, conforme *ranking* sobre o desenvolvimento humano. Brasil perde apenas para o Catar em desigualdade de renda, onde 1% mais rico concentra 29% da renda.
>
> BRASIL tem 2ª maior concentração de renda do mundo, diz relatório da ONU. *G1*, [Rio de Janeiro], 9 dez. 2019. Disponível em: https://g1.globo.com/mundo/noticia/2019/12/09/brasil-tem-segunda-maior-concentracao-de-renda-do-mundo-diz-relatorio-da-onu.ghtml. Acesso em: 8 jun. 2020.

- Como a informação divulgada pelo jornal interfere nas diversas necessidades e desejos da população brasileira? Discuta com os colegas.

Custo financeiro e ambiental

O custo de um item de desejo não deve ser mensurado apenas pelo viés financeiro, mas considerando também o impacto global que ele pode causar. Ao realizar uma compra, causamos, em certa medida, impacto social, ambiental e, claro, econômico. Por exemplo, a produção de uma calça *jeans* utiliza 10 mil litros de água, além de produtos químicos que, se não forem manipulados de modo apropriado, podem trazer riscos à saúde dos trabalhadores do ramo.

Imagine que seu celular esteja em estado perfeito, mas uma empresa lança um novo modelo e você, imediatamente, decide adquirir o aparelho. Veja que, nessa situação, trata-se de um desejo, e não de uma necessidade. A nova aquisição pode deixá-lo contente, no entanto, não é essencial para a vida. Assim, é importante que você repense esse tipo de compra, levando em conta os impactos do consumo. Além disso, é fundamental avaliar se o valor cabe no seu bolso, como vai conseguir esse dinheiro e quanto tempo vai levar para pagar – tudo isso para não atrapalhar sua vida financeira nem a de sua família.

Enfim, se um item é uma necessidade, ele deve ter prioridade em relação aos itens que representam desejos. É importante ser flexível: colocar os desejos em segundo plano, como sonhos de médio ou longo prazo, para garantir o equilíbrio da situação financeira.

6. Debata com seus colegas a afirmação: "Se muitos de nossos sonhos são desejos, devemos abandoná-los em detrimento de outros que representem necessidades". Anote suas conclusões.

ATENÇÃO!

Reconhecer as próprias emoções e ter controle sobre elas é fundamental para obter sucesso em qualquer área da vida. Postergar gratificações, lidar com frustrações e considerar o bem das outras pessoas são habilidades que se aprendem. Apesar de parecerem inatas, naturais do ser humano, elas requerem certo treino para serem desenvolvidas, até mesmo nas várias situações de adversidade.

Planejamento financeiro

Você já teve um sonho realizado? Se sim, sabe que a sensação de conquista é maravilhosa. Para que os sonhos se realizem, uma coisa é essencial: **planejamento**.

Planejar significa estabelecer os caminhos pelos quais você vai atingir seus objetivos. Diferentemente do que alguns acreditam, o planejamento não consiste em uma "lista de desejos" – é muito mais abrangente. Realizar um bom planejamento significa estabelecer metas com **prazos**, **etapas** e **ações** bem pensadas. O objetivo é transpor os sonhos, que ficam no campo das ideias, para a realidade, estabelecendo objetivos claros a serem alcançados em etapas bem definidas. Assim, planejar implica definir como será a jornada até alcançar os objetivos.

ESTUDO DE CASO 1

1. Leia a reportagem a seguir, de 5 de dezembro de 2019, e responda às perguntas.

> Depois de quase cinco meses de ausência por causa de uma lesão na coxa direita no Mundial da França, Cristiane está de volta à seleção brasileira feminina de futebol. Pela primeira vez sob o comando da técnica sueca Pia Sundhage [...].
>
> [...] Cristiane quis mostrar para Pia que seu objetivo é um só daqui para frente: uma vaga na lista de 18 atletas que disputarão os Jogos Olímpicos de Tóquio – 2020.
>
> "Agora eu preciso correr atrás do prejuízo porque ninguém vive de nome. Eu darei o melhor possível aqui e quero estar dentro, vou brigar para estar nas Olimpíadas. Está tendo uma competição muito saudável, a Pia está dando oportunidade para todas poderem mostrar o seu trabalho [...]", destacou a experiente atacante.
>
> EM RETORNO à seleção, Cristiane traça meta: 'Vou brigar para estar na Olimpíada'. *Folha de Londrina*, Paraná, 5 dez. 2019. Disponível em: www.folhadelondrina.com.br/esporte/em-retorno-a-selecao-cristiane-traca-meta-vou-brigar-para-estar-na-olimpiada-2976633e.html. Acesso em: 29 maio 2020.

a) Qual é o objetivo da jogadora descrito na reportagem?

b) Cristiane é artilheira do futebol feminino. O destaque que ela tem na carreira e o fato de ser uma jogadora talentosa e já consagrada serão suficientes para atingir seu objetivo? Justifique.

c) O que a atleta deve fazer para alcançar seus objetivos?

Assim como os atletas que se preparam para competições, todos nós precisamos nos preparar para alcançar nossos objetivos.

61

O planejamento tem de estabelecer algumas etapas:

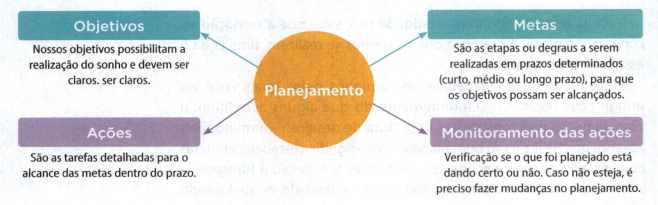

Note que esse tipo de planejamento é útil em diversos aspectos da vida. Podemos ter como objetivo melhorar nosso desempenho escolar, fazer uma viagem ou ficar milionário antes dos 30 anos, por exemplo. Apesar de nossos sonhos serem diversos, para torná-los objetivos reais, é preciso **comprometimento** com a realização deles e o cumprimento de um planejamento consistente.

Como muitos de nossos sonhos são materiais, é preciso dinheiro para realizá-los. Desse modo, um **planejamento financeiro** nos dá maior clareza no que se refere a receitas e despesas e nos permite um gerenciamento adequado dos recursos.

1. Por uma semana, anote em reais tudo o que você ganhar, independentemente do valor, e tudo o que gastar – seja um lanche na cantina, uma roupa nova ou um gasto com transporte. Quaisquer ganhos ou despesas devem ser anotados!

2. Você se surpreendeu com o resultado da atividade anterior? Há gastos que poderiam ter sido evitados? Anote suas conclusões.

3. Pergunte a seus familiares se eles realizam algum planejamento financeiro. Em caso afirmativo, peça que lhe expliquem como o realizam e anote as informações obtidas.

O planejamento financeiro individual e o familiar são igualmente importantes, pois todo planejamento familiar deve considerar as demandas de cada membro e até que ponto as necessidades e os desejos individuais impactam no orçamento como um todo.

O planejamento financeiro da família deve seguir alguns pontos:
1. Acompanhar as receitas e despesas – todos da família devem monitorar diariamente o que recebem e, principalmente, o que gastam. Há diversos aplicativos e *softwares* gratuitos que ajudam nesse controle.

2. Pensar antes de comprar – sempre se deve verificar se a aquisição é necessária e pesquisar preços previamente.

3. Avaliar se a compra será à vista ou a prazo – pagamentos à vista são vantajosos quando há desconto. Pagamentos parcelados podem ser uma boa opção quando não há juros envolvidos, mas requerem cuidado porque as parcelas podem afetar o orçamento nos meses seguintes.

4. Analisar as metas com frequência – um sonho de longo prazo deve ser dividido em metas de curto e médio prazo. É importante avaliar o cumprimento das metas e se preciso revisar o planejamento.

5. Viver de acordo com as condições do momento – todos precisam conhecer os limite de gastos da família e não os extrapolar ou gerar dívidas.

6. Buscar informações sobre investimentos – o saldo positivo economizado pela família deve ser investido. É dinheiro gerando dinheiro!

Verifique com seus familiares se, ao realizar o planejamento financeiro, os itens acima foram considerados. Anote suas observações.

APLIQUE SEU CONHECIMENTO!

1. Defina com sua família um sonho de vocês.

2. Estabeleçam metas de curto a médio prazo para todos da família, bem como formas de medir, ao longo do projeto, se elas estão sendo cumpridas.

3. Montem o planejamento financeiro indicando as receitas e as despesas da família e o quanto vão poupar para a realização do sonho.

4. Avaliem periodicamente o planejamento e verifiquem se as ações estão sendo bem realizadas ou se há necessidade de mudanças. Anotem as observações e mudanças.

SAIBA MAIS!

 VÍDEO

- **Ingrid Silva – Das favelas do Rio de Janeiro ao palco do Ballet de New York**
  Direção: Ben Briand. Documentário, 2016. 4min44s.
  Disponível em: www.youtube.com/watch?v=LrQiaqxePSE. Acesso em: 29 maio 2020.
  O curta-metragem conta a trajetória de Ingrid Silva, que superou diversas dificuldades até se tornar bailarina de um dos grupos mais importantes de Nova York.

CAPÍTULO 6
EMPREENDEDORISMO

O QUE VAMOS DISCUTIR?
- EMPREENDEDORISMO
- SUSTENTABILIDADE
- HÁBITOS DE CONSUMO
- CÓDIGO DE DEFESA DO CONSUMIDOR

No século XVII, o escritor e economista franco-irlandês Richard Cantillon (c. 1680-1734) cunhou um termo cada vez mais comum em nosso cotidiano: **empreendedorismo**.

Segundo o *Dicionário Priberam da Língua Portuguesa*, **empreendedorismo** é:

1. Qualidade ou caráter do que é empreendedor.
2. Atitude de quem, por iniciativa própria, realiza ações ou idealiza novos métodos com o objetivo de desenvolver e dinamizar serviços, produtos ou quaisquer atividades de organização e administração.

EMPREENDEDORISMO. *In*: DICIONÁRIO PRIBERAM, [Portugal], c2020. Disponível em: https://dicionario.priberam.org/empreendedorismo. Acesso em: 9 jun. 2020.

Isso significa que empreendedorismo está associado à capacidade de identificar problemas e oportunidades e de propor soluções inovadoras. Assim, o termo teve origem na área econômica e se expandiu para outros campos, pois as habilidades descritas são importantes não apenas para negócios ou empresas, mas também, sobretudo, à realização pessoal.

Leandro Dio/Shutterstock.com

1. Pessoas com as características apontadas no verbete do dicionário têm mais chances de realizar os próprios sonhos? Justifique.

2. "Ter um sonho grande dá o mesmo trabalho de ter um sonho pequeno. Então passei a ter sonhos grandes, sempre pensei em fazer maior e melhor." Essa afirmação foi feita por Jorge Paulo Lemann (1939), um empreendedor suíço-brasileiro de grande sucesso. Você concorda com ele? Por quê?

3. Você acha que apenas as pessoas que abrem negócios próprios são empreendedoras? Justifique.

Ser empreendedor

São consideradas pessoas empreendedoras aquelas que enxergam oportunidades onde ninguém vê. E, então, sonham, definem objetivos e metas e planejam como alcançá-los, agindo com criatividade, inovação, responsabilidade e comprometimento.

O comportamento dessas pessoas sempre foi muito valorizado no mundo empresarial. Tais características são valorizadas, sobretudo no gerenciamento das demandas pessoais! Com base nessa ideia, podemos definir várias formas de ser empreendedor.

Empreendedorismo de negócios

Quando pensamos em empreendedorismo, em geral, associamos o termo ao **empreendedorismo de negócios**, à criação de novas empresas. Nesse caso, o principal objetivo é atender a uma necessidade do mercado de modo competitivo, conquistar clientes e manter os lucros – e, por isso, há sempre um risco associado.

Nesse tipo de empreendedorismo, deve-se ter visão de mercado e identificar as oportunidades de criação ou atualização de um negócio que **gere valor** e riqueza para a sociedade.

Após a análise do mercado, é preciso planejar as ações que concretizarão a nova empresa. Nessa fase, são identificados ou definidos:

- os produtos e serviços que serão oferecidos;
- o **público-alvo**;
- os **concorrentes** e como eles atuam;
- o local de funcionamento da empresa;
- os recursos financeiros e tudo o mais que será preciso para colocar o negócio em funcionamento.

> **Negócio**: empresa, companhia, firma; contrato.

> **Gerar valor [para a sociedade]**: ajudar a sociedade; ser importante, contribuir.

> **Público-alvo**: grupo de pessoas ou empresas a que se destina uma mensagem, produto ou serviço.

> **Concorrente**: empresa ou pessoa no mesmo ramo de negócio disputando clientes.

Como toda proposta de negócios inovadora implica riscos, o planejamento é fundamental. Além disso, é adequado que o empreendedor se mantenha informado e busque orientação especializada, para que suas decisões levem a empresa a aumentar os lucros e diminuir as perdas.

Um empreendedor de negócios também deve ter um bom *networking*, ou seja, deve estar conectado a uma ampla rede de contatos, como possíveis investidores, fornecedores e consumidores finais do produto ou serviço.

Entretanto, a atitude empreendedora não está vinculada, necessariamente, à abertura de um negócio próprio.

> **Networking**: termo em inglês (*net* = rede; *work* = trabalho) que significa rede de contatos de trabalho.

Empreendedorismo corporativo

No **empreendedorismo corporativo** ou **intraempreendedorismo**, a pessoa empreende a própria carreira, no local onde trabalha.

Assim, o intraempreendedor é um funcionário remunerado ou um colaborador que observa a realidade da empresa, planeja e promove ações com o intuito de agregar valor ao produto ou tornar mais eficiente algum processo existente. Em geral, é uma pessoa criativa, motivada com seu trabalho, que o realiza da melhor forma. Sua atitude renova a cultura da empresa e, consequentemente, contribui tanto para a própria ascensão profissional como para o sucesso da empresa.

Esquema de *networking*.

Um empreendedor corporativo costuma ter as seguintes habilidades:

- **análise estratégica**: habilidade de antecipar problemas e analisar os cenários que envolvem o empreendimento;

- **proatividade**: iniciativa e criatividade voltadas para a melhoria de produtos e processos, para garantir que os recursos sejam bem aproveitados;

- **planejamento**: capacidade de definir metas claras para que o processo se realize de modo eficiente e eficaz.

Empreendedorismo social

Podemos ainda citar um terceiro tipo de empreendedorismo. Por exemplo, uma pessoa que observa os problemas da comunidade na qual está inserida, busca soluções e age com o intuito de melhorar a qualidade de vida das pessoas é um indivíduo empreendedor.

No empreendedorismo social:

- a iniciativa de uma ação pode começar com apenas um indivíduo, mas acaba envolvendo outras pessoas, em especial as da comunidade em questão;

- o foco são os interesses coletivos. Cabe não apenas inventar, mas também aperfeiçoar processos existentes para promover o bem comum de maneira nova, inusitada;

- há o objetivo de resgatar pessoas em risco social e propiciar condições para que cada uma possa se desenvolver de modo digno;

- a principal medida de desempenho é o impacto da ação e a maneira pela qual contribui para a transformação da realidade social de modo sustentável.

1. Dê exemplos de empresas ou situações empreendedoras de acordo com os tipos apresentados: empreendedorismo de negócios, corporativo ou social.

2. As empresas só podem se encaixar em um desses perfis? Justifique.

3. Podemos aplicar em nossa vida algumas características de empresas empreendedoras. Cite alguns exemplos.

O empreendedorismo deixou de ser um termo exclusivo do mundo dos negócios. Hoje ele é visto como um conjunto de habilidades e comportamentos de uma pessoa, independentemente da sua ocupação, e não necessariamente vinculados ao trabalho. Essas características definem o perfil do empreendedor.

Perfil empreendedor

Uma pessoa empreendedora percebe oportunidades, determina objetivos, traça um caminho para alcançá-los e trabalha para que eles se concretizem. Contudo, de modo mais detalhado, podemos caracterizar o perfil de um empreendedor com os seguintes atributos:

1. **Busca oportunidades de iniciativa**: procura tomar atitudes antes de ser forçado pelas circunstâncias.

2. **Busca informações**: estuda, pesquisa constantemente para se manter atualizado.

3. **Estabelece metas**: define os objetivos que pretende alcançar.

4. **Planeja e faz acompanhamentos**: pensa, organiza e realiza tudo o que precisa ser feito para alcançar os objetivos determinados e verifica se o que foi planejado está dando certo ou se são necessárias algumas mudanças.

5. **É persistente**: enfrenta os desafios e dificuldades que podem surgir, buscando diferentes alternativas para solucioná-los, e persevera diante de eventuais obstáculos.

6. **É comprometido**: assume responsabilidades e se dedica para que tudo que esteja fazendo dê certo e se alcance o melhor resultado.

7. **Corre riscos calculados**: pensa e analisa antes de tomar decisões, mesmo sabendo que nem tudo pode ser controlado ou previsto.

8. **Busca qualidade e eficiência**: dedica-se a fazer bem-feito, com qualidade e no tempo esperado.

9. **É persuasivo e mantém uma rede de contatos**: convence as pessoas, com bons argumentos, e mantém contato com aquelas que podem colaborar na conquista de seus objetivos.

10. **Tem autonomia e autoconfiança**: acredita na própria capacidade, defende suas ideias e é consciente da necessidade de conviver e contar com outras pessoas para alcançar seus objetivos.

Perfil elaborado pelos autores com informações extraídas de: www.sebrae.com.br. Acesso em: 7 jun. 2020.

http://www.fotogestoeber.de/iStockphoto.com

PENSE NISSO!

Considerando as características do perfil empreendedor, quais você possui e aplica em seu dia a dia, com o intuito de empreender sua vida escolar? Quais você gostaria de desenvolver?

4. Associe cada comportamento a seguir a pelo menos uma característica do perfil empreendedor (ou à falta dela) apresentada na página anterior.

a) Fazer e entregar as tarefas nas datas solicitadas.

b) Faltar no treino de basquete porque sente dificuldade.

c) Dar respostas bem elaboradas e bem argumentadas aos questionamentos dos professores.

d) Fazer um trabalho com pressa para poder jogar *video game*.

e) Manter uma rotina de estudos.

f) Acompanhar a evolução escolar por meio do boletim e dos retornos dos professores.

Sustentabilidade

Comportamentos empreendedores servem para guiar nossas ações em diversos aspectos da vida, pois é preciso considerar o contexto dos nossos desejos e ações. Isso implica ter compromisso com a **sustentabilidade**.

Sustentabilidade é a capacidade de atender às necessidades atuais da população sem afetar a disponibilidade dos recursos futuros. Para empreender de modo sustentável, devemos pensar se nosso empreendimento é ambientalmente correto, socialmente justo e economicamente viável.

Para avaliarmos se nosso empreendimento é ambientalmente correto, devemos verificar se sua implementação não compromete o meio ambiente e se os recursos naturais necessários serão utilizados de maneira racional.

A energia solar traz inúmeros benefícios não só ambientais, mas também econômicos à nossa sociedade.

69

Quanto à sustentabilidade social, o empreendimento deve contribuir não só para o nosso bem-estar, mas também para o bem-estar do maior grupo de pessoas possível, com vistas a impactar positivamente na qualidade de vida de todos.

Por fim, o empreendimento deve ser economicamente viável – em nossas vidas, isso significa trabalhar de acordo com o planejamento que fizemos, para manter nossa saúde financeira. Em maior proporção, em uma empresa, o processo é similar. A empresa deve planejar com cuidado o modo como vai dispor dos recursos necessários para seu funcionamento, bem como a forma de produzir e distribuir seus produtos e serviços. A sustentabilidade econômica deve considerar as questões ambientais e sociais. Ao promover ações baseadas nesses princípios, colaboramos para o desenvolvimento sustentável da sociedade.

Para que nossas ações empreendedoras estejam em sintonia com o desenvolvimento sustentável, é importante diferenciarmos **consumo** de **consumismo**.

Hábitos de consumo: consumo × consumismo

As palavras **consumo** e **consumismo** são parecidas, mas têm significados diferentes. Simplificadamente, consumo refere-se à aquisição de bens e serviços, ao passo que consumismo é o consumo praticado em quantidades superiores às necessidades ou de bens supérfluos ou excessivamente caros.

O consumo não é um problema, pois é caracterizado pela ação de comprar racionalmente. Isso significa que a aquisição de um produto foi planejada e feita para suprir alguma necessidade real de uma pessoa. Consumir de modo consciente significa estar atento aos impactos que as escolhas de consumo terão, sejam eles financeiros, sociais ou ambientais. Quando estamos cientes das consequências, podemos tentar aumentar os impactos positivos e minimizar os demais.

Isso não significa que você deve abrir mão da alegria de adquirir algum produto ou serviço que não corresponda a uma necessidade efetiva, e sim fazê-lo ponderadamente, sempre questionando como aquela aquisição poderá melhorar sua qualidade de vida, tornando-o mais feliz, não apenas de imediato.

Vale ressaltar que vivemos em uma economia que depende da circulação de dinheiro para se fortalecer, e o consumo consciente propicia ações, como a pesquisa de preço, a concorrência entre as empresas, o reúso de embalagens e produtos, que podem estimular a circulação de produtos de maneira sustentável.

Já o consumismo é um comportamento preocupante, motivado pelo mero desejo ou impulso. Como se trata de uma atitude impensada, o indivíduo consumista raramente se dá conta dos impactos negativos desse comportamento tanto em sua vida pessoal como na sociedade como um todo. Assim, apesar de não ser errado querer adquirir bens, devemos ter sempre em mente se o que desejamos é fruto de um desejo imediato ou de uma necessidade real.

Entre as consequências negativas do consumismo estão o endividamento pessoal ou familiar e a utilização de recursos naturais de forma não racional (água e matérias-primas empregadas na produção de bens, por exemplo).

APROFUNDANDO!

A humanidade já consome 30% mais recursos naturais do que a capacidade de renovação da Terra. Se os padrões de consumo e produção se mantiverem no atual patamar, em menos de 50 anos serão necessários dois planetas Terra para atender nossas necessidades de água, energia e alimentos. Não é preciso dizer que essa situação certamente ameaçará a vida no planeta e da própria humanidade. A melhor maneira de mudar isso é a partir das escolhas de consumo.

Todo consumo causa impacto (positivo ou negativo) na economia, nas relações sociais, na natureza e em você mesmo. Ao ter consciência desses impactos na hora de escolher o que comprar, de quem comprar e definir a maneira de usar e como descartar o que não serve mais, o consumidor pode maximizar os impactos positivos e minimizar os negativos, desta forma contribuindo com seu poder de escolha para construir um mundo melhor. Isso é Consumo Consciente. Em poucas palavras, é um consumo com consciência de seu impacto e voltado à sustentabilidade.

O consumo consciente é uma questão de hábito: pequenas mudanças em nosso dia a dia têm grande impacto no futuro. Assim, o consumo consciente é uma contribuição voluntária, cotidiana e solidária para garantir a sustentabilidade da vida no planeta.

BRASIL. Ministério do Meio Ambiente. *O que é consumo consciente?* [Brasília, DF]: MMA, [20--?]
Disponível em: https://www.mma.gov.br/legislacao/item/7591-o-que-%C3%A9-consumo-conscient.
Acesso em: 9 jun. 2020.

1. Você acredita que as mídias sociais influenciam nos padrões de interesse e consumo? Explique.
2. Você se considera uma pessoa consumista? Justifique.
3. Quais atitudes empreendedoras podemos desenvolver para realizar escolhas conscientes? Justifique.

A arte da comunicação

Uma habilidade muito importante no perfil empreendedor é a capacidade de comunicação. É com base na comunicação que ampliamos nossa rede de contatos que podem colaborar para que alcancemos nossos objetivos.

A comunicação deve ser clara e objetiva, principalmente em situações de negócios. Ao criar uma empresa, o empreendedor deve definir os aspectos que envolvem a imagem dela e como pretende que seja vista pelo público. A área que cuida dessas questões em uma empresa é o *marketing*, responsável por um conjunto de estratégias que envolvem a criação, a comunicação e a entrega de produtos ou serviços com valor ao consumidor.

Quando falamos em "valor", além do valor financeiro propriamente dito, o *marketing* se ocupa de valores abstratos, como prestígio e reputação do produto ou da empresa. As estratégias de *marketing* também podem ser empregadas em organizações que não visam ao lucro, como as instituições públicas e as organizações não governamentais (ONGs). E, nesses casos, os objetivos estão mais ligados ao engajamento de pessoas ou ao fortalecimento da marca.

As campanhas publicitárias das marcas também são responsabilidade da equipe de *marketing*. Quanto mais adequada for a linguagem da campanha, mais eficaz será a mensagem, que, além de tudo, deve ser pautada em princípios morais e éticos.

Contudo, em algumas situações, a publicidade extrapola esses princípios e induz o público ao consumismo ou lança mão de recursos desleais em relação aos consumidores ou à concorrência.

O Conselho Nacional de Autorregulamentação Publicitária (Conar) é um órgão que monitora as publicidades veiculadas na mídia, procurando fazer respeitar o Código Brasileiro de Autorregulamentação Publicitária. Essa organização não fiscaliza nem aplica multa, mas preza por liberdade e ética na expressão das peças publicitárias, considerando os seguintes princípios:

- todo anúncio deve ser honesto e verdadeiro e respeitar as leis do país;
- deve ser preparado com o devido senso de responsabilidade social, evitando acentuar diferenciações sociais;
- deve ter presente a responsabilidade da cadeia de produção junto ao consumidor;
- deve respeitar o princípio da leal concorrência;
- deve respeitar a atividade publicitária e não desmerecer a confiança do público nos serviços que a publicidade presta.

Fonte: SECOM (Brasil). *Código Brasileiro de autorregulamentação publicitária*. [Brasília, DF]: SECOM, [2015]. 30 p. Disponível em: www.secom.gov.br/orientacoes-gerais/publicidade/codigo-bras-de-autorregulamentacao.pdf. Acesso em: 9 jun. 2020.

Assim, se alguém se sente ofendido ou acredita que uma publicidade não foi realizada de forma ética, responsável e consciente, pode acionar o Conar, que avaliará a situação e, caso julgue procedente a reclamação, instruirá a empresa a modificar a campanha. Como o Conar é um órgão de autorregulação, as empresas não são obrigadas a seguir suas instruções; entretanto, elas costumam levar em conta suas recomendações.

1. Pesquise informes publicitários ou propagandas que tiveram recomendações de modificações pelo Conar e o motivo pelo qual isso ocorreu.

2. A forma de apresentação de um produto também deve levar em consideração a mídia na qual a publicidade será veiculada. Pesquise alguns fatores que devem ser pensados no que se refere a esse tópico.

ATENÇÃO!

Na hora da compra, é muito importante prestar atenção nas informações presentes nas embalagens e, se for o caso, no contrato. Às vezes, há informações estampadas em letras miúdas que podem descrever alguma restrição de utilização do produto, troca ou condições diferenciadas de pagamento. Mesmo que possuam pouco destaque, essas informações devem ser consideradas para que façamos escolhas de consumo conscientes.

Código de Defesa do Consumidor

Além do Conar, que efetua autorregulação nas peças publicitárias, o ordenamento jurídico brasileiro prevê uma série de normas para minimizar práticas abusivas pelas empresas. O **Código de Defesa do Consumidor** (CDC), criado em 1990, é um exemplo de documento nesse sentido. Trata-se de um conjunto de normas que visam proteger os direitos do consumidor e regular a relação entre fabricantes de produtos e prestadores de serviços com os consumidores finais.

O CDC foi instituído por lei; então, todas as empresas, necessariamente, precisam cumprir as normas por ele estabelecidas. Desse modo, elas se tornam responsáveis por qualquer problema que causarem ao consumidor.

De acordo com o CDC, são direitos do consumidor:

I. Proteção a vida, saúde e segurança contra os riscos que os produtos ou serviços podem causar;

II. Informação adequada sobre produtos e serviços antes de contratar uma empresa;

III. Proteção contra publicidade enganosa e abusiva, métodos comerciais desleais no fornecimento de produtos e serviços;

IV. Reparação de danos patrimoniais e morais, individuais ou coletivos;

V. Facilitação da defesa de seus direitos, inclusive com inversão do ônus da prova.

Fonte: PROCON (Brasil). *Código de proteção e defesa do consumidor*. Brasília, DF: PROCON, 2019. 97 p. Disponível em: www.procon.df.gov.br/wp-content/uploads/2019/08/Codigo-do-consumidor-FINAL.pdf. Acesso em: 9 jun. 2020.

1. Pesquise o que é Procon e quais são as funções dessa instituição em relação aos consumidores.

2. Você conhece alguém que já utilizou os serviços do Procon? Em qual situação?

3. Você acha importante que exista uma instituição que regule o relacionamento entre empresas e consumidores?

APLIQUE SEU CONHECIMENTO!

1. Em grupos, façam o planejamento de um pequeno empreendimento de curto prazo que, conforme estudamos, seja ambientalmente correto, socialmente justo e economicamente viável.

2. Avaliem se a ideia de vocês é uma oportunidade e descrevam tudo que será necessário para concretizá-la.

3. Considerem as características empreendedoras estudadas no capítulo para ajudá-los a definir o projeto: quais empregar e em quais circunstâncias; como desenvolvê-las.

4. Elaborem um modelo de diário no qual vocês farão os registros da evolução do empreendimento. Ao final, apresentem o projeto para a turma e o professor, incluindo os apontamentos feitos.

SAIBA MAIS!

@ **SITES:**

- **21 fatos curiosos sobre o bilionário Jorge Paulo Lemann**
Forbes, 22 maio 2019. Disponível em: https://forbes.com.br/negocios/2019/05/18-fatos-curiosos-sobre-o-bilionario-jorge-paulo-lemann/. Acesso em: 9 jun. 2020.

   Neste *link* você poderá conhecer a história de vida de um dos empresários brasileiros com diversas ações de empreendedorismo.

- **Lei nº 8.078, de 11 de setembro de 1990**
BRASIL. Disponível em: http://www.planalto.gov.br/ccivil_03/LEIS/L8078.htm. Acesso em: 9 jun. 2020.

   O *link* direciona ao texto da lei que define os direitos do consumidor e outros textos de proteção ao consumo.

VÍDEO:

- **One small step**
Direção: Andrew Chesworth. Estados Unidos/China: Taiko Studios, 2018. Animação, 7min44s. Disponível em: www.youtube.com/watch?v=JiAC-8oQEQE. Acesso em: 9 jun. 2020.

   O vídeo apresenta a história de uma garota que sonha em ser astronauta.

LIVRO:

- **Oficina do empreendedor**
DOLABELA, Fernando. Rio de Janeiro: Sextante, 2008.

   Neste livro, você irá se deparar com a apresentação do processo de criação de uma empresa, passando pela sua origem até sua abertura e funcionamento.

CAPÍTULO 7

A CRENÇA NO DINHEIRO

O QUE VAMOS DISCUTIR?

- DINHEIRO EM PAPEL
- MOEDA E DINHEIRO
- NOTAS PROMISSÓRIAS
- FIDÚCIA
- INFLAÇÃO

As manchetes de jornais, apresentadas a seguir, ilustram uma difícil situação que o Brasil viveu por muito tempo: a temida **inflação**! Naquele cenário econômico, se você fosse ao supermercado em certo dia com a quantia de dinheiro suficiente para comprar 5 quilogramas de arroz, provavelmente se retornasse na semana seguinte compraria somente 4 quilogramas de arroz com essa mesma quantia. Os preços subiam rapidamente.

Inflação do ano atinge 1.764,86%
O Estado de São Paulo, 29 dez. 1989.

Inflação bate outro recorde: 23,21%
O Estado de São Paulo, 13 jun. 1989.

Inflação de fevereiro é recorde: 72,78%
O Globo, 20 fev. 1990.

Manchetes de jornal da década de 1980 destacam a inflação da época e o remarcador de preços em ação.

1. Por que determinada quantia de dinheiro desvalorizava de uma semana para outra? Afinal, o dinheiro não era o mesmo?

2. Nesse período, algumas pessoas compravam ou trocavam o salário por ouro, para guardá-lo. Crie hipóteses para explicar essa opção das pessoas.

Voltando à história

No capítulo 3, vimos que diferentes sociedades criaram moedas-mercadoria que facilitavam as trocas – o sal, por exemplo. Também estudamos por que alguns itens mais específicos, como os metais, em razão de suas características físicas, passaram a ser utilizados para esse fim, dando origem ao que até hoje chamamos de moeda.

A **moeda** pode ser definida como qualquer objeto (físico ou não) que possa ser aceito como um intermediário na troca entre quaisquer bens ou serviços, não importando se esse objeto escolhido possui ou não outra utilidade.

ATENÇÃO!

Não confunda o termo **moeda**, utilizado para qualquer objeto usado como intermediário nas trocas, com as moedas de metal que utilizamos no dia a dia, que são um tipo específico e moderno de moeda.

Sal e cacau, por exemplo, são bens úteis (os amantes de chocolate que o digam!) que já foram utilizados como moeda.

Conchas e ouro, por outro lado, possuem pouca ou nenhuma utilidade e também já foram amplamente empregados como moeda. Aliás, até os dias de hoje o ouro é muito utilizado como intermediário nas trocas.

Em algumas sociedades, como a civilização maia no período clássico (250 d.C.-900 d.C.), o grão de cacau foi utilizado como moeda.

77

CURIOSIDADES

A palavra **moeda** tem origem na deusa romana Juno, também conhecida como Juno Moneta. No centro da antiga Roma ficava o templo de Juno Moneta, onde as moedas eram cunhadas, então denominadas *monetas*. Esse nome deu origem à palavra **moeda**, que usamos até hoje.

Estátua da deusa romana Juno Moneta.

1. Faça uma rápida pesquisa e verifique qual utilidade o ouro tem nas atividades do dia a dia, além de servir como uma valiosa moeda.

2. Antes da popularização das moedas, as pessoas realizavam trocas simples de produtos. Quais eram os problemas que dificultavam esse tipo de atividade?

3. Por que razão itens como conchas e sal eram mais utilizados como moeda do que cogumelos, por exemplo?

4. Por que esses objetos foram mais utilizados como moeda do que vacas, por exemplo?

5. Por que a água, substância tão valiosa para os seres humanos, não costuma ser utilizada como moeda?

SAIBA MAIS!

VÍDEO:

- O filme **Waterworld – O segredo das águas** (EUA: Universal Pictures, 1995, 176 min.) conta a história de um futuro **distópico** no qual as calotas polares derreteram, inundando praticamente toda a parte terrestre do planeta. Por conta desse cenário, alguns itens que para nós hoje são considerados banais, como papel, água doce e, claro, terra, passaram a ser os mais valiosos do planeta, sendo utilizados como moedas de alto valor.

Distopia: o contrário de utopia (lugar ideal, fantástico, que não existe). Ou seja, distopia é um cenário (imaginário ou não) anormal e terrível.

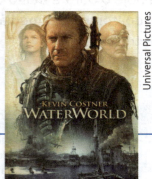

A história do dinheiro em papel

O que lhe vem à cabeça quando pensa em dinheiro? Responda e depois procure pela palavra "dinheiro" em um *site* de buscas. O que você vai encontrar, em geral, não são moedas de metal, mas pedaços de papel. Por que utilizamos bem mais cédulas do que moedas de metal em nossas atividades no comércio? Como esses pedaços de papel surgiram e por que se tornaram nossa principal moeda?

APROFUNDANDO!

Moeda e dinheiro

Apesar de muitas vezes serem utilizados como sinônimos, esses dois termos são diferentes.

Antes de tudo, vamos esquecer o senso comum de pensarmos que, quando falamos de moeda, estamos nos referindo especificamente às moedas de 5, 10, 25 e 50 centavos e à moeda de 1 real. Moeda, como já dito anteriormente, é qualquer item que possa ser utilizado como intermediário nas trocas.

Já o dinheiro, por sua vez, é a moeda formatada. Em outras palavras, chamamos de dinheiro toda moeda que foi padronizada, tanto no valor como na produção. Por isso, hoje em dia, como as moedas dos países são feitas dentro de certos padrões, acabamos por usar os dois termos como sinônimos.

Dinheiro de diferentes países.

Nota promissória

Você já ouviu falar em "nota promissória"? Embora seja um termo um pouco estranho, seu sentido é fácil de compreender. O estudo de caso a seguir vai ajudar você!

ESTUDO DE CASO 1

Vamos imaginar dois países – Pasárgada e Macondo – que comercializam entre si. Digamos que Pasárgada tenha vendido a Macondo certa quantidade de madeira e, por isso, receberá como pagamento 32 kg de ouro levados em um navio. Em outra situação, Macondo vendeu certa quantia de frutas a Pasárgada, que, por conta disso, paga-lhe 27 kg de ouro.

Agora imagine essa situação ampliada a centenas de países que realizam trocas entre si. O custo do transporte, somado aos riscos de perda ou roubo do ouro, pode tornar essas transações problemáticas.

Desvantagens semelhantes podem ocorrer entre as pessoas. Carregar e guardar ouro seria igualmente problemático e perigoso. E, sem a padronização do dinheiro, seria difícil comprovar sua legitimidade, ou seja, se a moeda é verdadeira ou falsa.

1. Imagine que, por fazerem trocas com certa frequência, Macondo e Pasárgada decidam anotar o que cada país deve ao outro e realizar o pagamento apenas ao final de um trimestre. Considere que a moeda de Macondo seja feita com 8 g de ouro e a moeda de Pasárgada, com 21 g de prata.

Para essa situação, considere que aproximadamente:

- 1 g de ouro equivale a 70 g de prata;
- 1 m³ de madeira equivale a 4 g de ouro;
- 100 kg de fruta equivalem a 70 g de prata.

O quadro a seguir mostra o comércio entre esses dois países ao longo do primeiro trimestre do ano.

Mês	Vendedor	Item	Quantidade
Janeiro	Pasárgada	Madeira	72 m³
Janeiro	Macondo	Frutas	12 400 kg
Fevereiro	Macondo	Frutas	11 500 kg
Março	Pasárgada	Madeira	213 m³
Março	Macondo	Frutas	8 700 kg

Com base nessas informações, responda:

a) Quanto Pasárgada ganhou, em ouro, com a venda de madeira?

b) Quanto Macondo ganhou, em prata, com a venda das frutas?

c) Quanto Macondo ganhou, em ouro, com a venda das frutas?

d) Qual desses países terminou devendo ao outro, e quanto ele deve pagar?

e) Quantas moedas desse país correspondem a esse valor?

2. Em sua opinião, como as sociedades poderiam ter solucionado a questão da dificuldade de carregar e transportar o ouro que possuíam?

Um papel assinado: a solução!

Nota promissória: documento no qual seu criador assume a obrigação de pagar o valor nele descrito ao beneficiário que o possuir.

Uma alternativa que muitas civilizações encontraram para evitar as dificuldades do escambo foi criar espécies de documentos que garantiam que uma pessoa ou um país possuíam certa quantidade de metal precioso, como ouro ou prata. Eles foram precursores da **nota promissória**, ou seja, um documento que prometia a quem o carregasse a possibilidade de trocá-lo pela moeda.

Esse tipo de documento foi criado na Idade Média, quando surgiram os primeiros banqueiros. Eles recebiam importâncias em depósito e emitiam um documento escrito prometendo devolver a quantia.

Dessa forma, por exemplo, em vez de Macondo e Pasárgada trocarem moedas de ouro e prata, trocariam esses papéis e, quando precisassem, poderiam trocá-los pelo ouro ou prata prometidos.

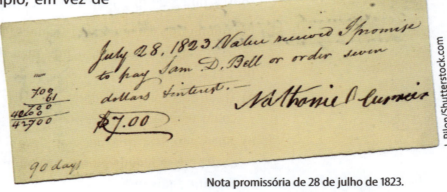

Nota promissória de 28 de julho de 1823.

81

Para que essas notas promissórias fossem aceitas, era preciso que os países ou pessoas em questão confiassem uns nos outros. Por essa razão, não era qualquer pessoa que poderia criá-las. Com o tempo, foi adotada a convenção de apenas governos de países criarem essas notas.

1. Imagine, agora, que um terceiro país, chamado Wakanda, comece a comercializar com Macondo. Em certo momento, Macondo recebe de Pasárgada notas promissórias equivalentes a determinada quantia em prata. Alguns dias depois, sem ter trocado esses documentos por prata, Macondo precisa fazer um pagamento a Wakanda, mas não possui metais preciosos suficientes em seu cofre. O que Macondo poderia fazer para resolver a situação?

Com o passar dos anos, a ideia de possuir e negociar apenas com as notas promissórias foi se popularizando e, pouco a pouco, principalmente a partir do século XVIII, as pessoas foram deixando de fazer trocas usando moedas físicas feitas de metais preciosos.

As notas promissórias deram origem ao dinheiro como o conhecemos hoje: pedaços de papel que equivalem a certa quantidade de riqueza.

Hoje em dia, as moedas de metal são utilizadas apenas para representar frações do dinheiro do país (como as moedas de 25 centavos e 1 real, por exemplo). Caso alguém tente pagar as compras no supermercado com moedas de ouro, provavelmente ninguém a sua volta vai entender!

rafastockbr/Shutterstock.com

Moedas brasileiras que representam valores do Real.

2. Atualmente, as trocas que fazemos envolvem, quase todas, o dinheiro. Qual é o formato dos principais tipos de dinheiro existentes hoje? De que materiais eles são feitos?

3. Em um mundo cada vez mais conectado e com relações comerciais cada vez mais intensas, a presença do dinheiro é fundamental no dia a dia.

a) Qual seria a viabilidade de utilizarmos um objeto regional como moeda?

b) Você acredita que pessoas de determinada região poderiam aceitar essa moeda e pessoas de outras regiões não aceitariam? Explique por quê.

CURIOSIDADES

O símbolo do cifrão ($), que vemos na representação do valor das moedas, data do ano de 711, quando o general Tárik, do norte da África, comandou a conquista da região da Península Ibérica. Após a conquista, ele mandou gravar, em moedas comemorativas, uma linha curva (em forma de "S") para representar o tortuoso caminho até a vitória. Mandou colocar também, no sentido vertical, duas colunas paralelas, que representam as Colunas de Hércules, simbolizando a força e a perseverança necessárias ao feito.

Esse símbolo acabou se popularizando e sendo reconhecido mundialmente como a representação do dinheiro.

Cifrão, símbolo de dinheiro.

Fidúcia

Pode parecer estranho, mas hoje praticamente nenhum dinheiro pode ser trocado no banco por metal precioso. Por que então aceitamos uma nota de R$ 100,00 por exemplo, mesmo sabendo que ela não vale mais nada em ouro?

Basicamente, isso acontece porque sabemos que outras pessoas também o aceitarão! O verdadeiro valor do dinheiro está justamente na confiança pública que se tem nele, pois outros também confiarão naquela nota. Em outras palavras, podemos dizer que o dinheiro hoje é **fiduciário**, ou seja, seu valor vem da confiança que as pessoas têm em quem o emitiu.

Fiduciário: que inspira confiança.

Casa da Moeda do Brasil, órgão governamental responsável por emitir nosso dinheiro, que tem sede no Rio de Janeiro (RJ).

1. Em grupo de até cinco integrantes, discutam: Em momento de grave crise em um país, o que pode ocorrer com a confiança da população na moeda nacional? Quais podem ser as consequências?

PENSE NISSO!

Uma vez que as formas de dinheiro atuais, como cédulas e moedas comuns, não têm a contrapartida em ouro, ou seja, não têm um valor em si mesmas, por que os governos não emitem mais dinheiro, pagando as dívidas e enriquecendo a população? O que aconteceria se, de uma hora para outra, todos passassem a ter o dobro do dinheiro que tinham?

Com os colegas e o professor, encontre uma explicação para isso.

Moeda de R$ 1,00 sobre lingote de ouro. A emissão de moeda tem efeito positivo para a vida econômica do povo?

Inflação

Voltemos ao caso dos dois países que conhecemos no Estudo de caso 1, agora para discutir o conceito de inflação.

ESTUDO DE CASO 2

Imagine que em Macondo tudo o que se produzem são as frutas. Sabemos que não seria possível viver de frutas, sem outros alimentos, água, moradia...

Agora, imagine também que, se somarmos todas as frutas do país, chegaremos a um total de 1 milhão de quilogramas. E que há, em Macondo, um milhão de macondinhos, o dinheiro local.

Dessa forma, como tudo o que há para comprar e vender em Macondo são as frutas, podemos concluir que cada quilograma de fruta vale 1 macondinho. Se Aureliano, um habitante local, possui 300 macondinhos, poderá trocá-los por 300 kg de frutas.

O governo do país, pensando em aumentar a riqueza da população, decide imprimir mais dinheiro e dobrar as posses de todos os seus habitantes. Dessa forma, Aureliano passa a ter 600 macondinhos. Quantos quilogramas de frutas ele poderá comprar agora?

Pense bem e responda.

Como todas as pessoas passaram a ter o dobro do dinheiro que possuíam e a quantidade total de bens do país (as frutas) não se alterou, elas não poderão comprar mais frutas do que já compravam: mantém-se a mesma quantidade de antes.

Se antes da duplicação do dinheiro havia um milhão de macondinhos e um milhão de quilogramas de frutas, cada quilograma de fruta valia 1 macondinho. A quantidade de frutas não se alterou, e o país possui agora 2 milhões de macondinhos: então cada quilograma de fruta passou a custar 2 macondinhos!

Parte da produção de frutas de Macondo, nosso país imaginário.

1. Seguindo a mesma lógica, caso o governo, em vez de emitir, retirasse 500 mil macondinhos de circulação no país, e a quantidade de frutas disponível permanecesse igual, quanto custaria cada quilograma de fruta?

2. E se o governo não emitisse novo dinheiro e a quantidade de frutas disponível dobrasse, qual seria o novo preço do quilograma da fruta?

A esse processo de aumento no nível dos preços damos o nome de **inflação**. A emissão de mais dinheiro é uma de suas principais causas, mas existem muitas outras, que veremos mais à frente.

DICIONÁRIO FINANCEIRO

Inflação: aumento generalizado dos preços de bens e serviços. Com a inflação, uma quantia de dinheiro passa a valer menos com o decorrer do tempo, o que diminui a capacidade de comprar bens e serviços.

85

CURIOSIDADES

O Instituto Brasileiro de Geografia e Estatística (IBGE) é o órgão do governo responsável por calcular a inflação no país. Com base nesse cálculo, o IBGE produz diversas análises sobre a saúde financeira do Brasil e a qualidade de vida das pessoas nas mais diversas regiões.

O Instituto também desenvolve uma série de outros estudos, sendo considerado um dos órgãos de pesquisa mais importantes do país.

1. O gráfico a seguir mostra a inflação brasileira a cada mês de 2019, em porcentagem. Analise os dados do gráfico e responda:

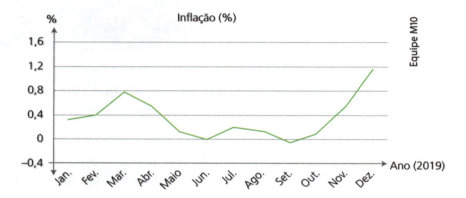

Gráfico elaborado pelos autores com base em dados do site www.ibge.gov.br. Acesso em: 7 jun. 2020.

a) Sem fazer cálculos, responda: Ao longo do ano de 2019, os preços de bens e serviços aumentaram ou diminuíram?

b) Em qual ou quais meses a inflação foi negativa?

c) Compare suas observações com os valores de inflação apresentados na abertura deste capítulo. Que relação há entre essas informações?

Tempo é dinheiro?

Quando falamos de inflação, estamos considerando a relação entre o dinheiro e o tempo. Você provavelmente já ouviu a famosa expressão "tempo é dinheiro". Você concorda com ela?

Na verdade, o tempo é muito mais valioso que o dinheiro. O tempo é gasto para se ganhar dinheiro, mas não podemos gastar dinheiro para recuperar ou ganhar mais tempo de vida.

86

No entanto, existe uma relação entre tempo e dinheiro que, quando bem organizada, torna-se muito saudável: a que se concretiza no planejamento financeiro!

Quando organizamos nossas receitas e nossas despesas (da forma que você já aprendeu), tempo e dinheiro podem se tornar aliados para melhorar nossa qualidade de vida e nos ajudar a realizar os sonhos!

APROFUNDANDO!

"Ou você é feliz com pouco, com pouca bagagem, pois a felicidade está em você, ou não consegue nada. Inventamos uma montanha de consumos supérfluos. Compra-se e descarta-se. Mas o que se gasta é o tempo de vida. Quando compro algo, ou você compra, não pagamos com dinheiro, pagamos com o tempo de vida que tivemos de gastar para ter aquele dinheiro. Mas tem um detalhe: tudo se compra, menos a vida. A vida se gasta."

MUJICA, José "Pepe", ex-presidente do Uruguai. Disponível em: www.youtube.com/watch?v=FpfsXQKG8vY. Acesso em: 1 jun. 2020.

1961 Federico Gutierrez/Shutterstock.com

APLIQUE SEU CONHECIMENTO!

1. Em grupo, com a turma, ou em casa, assista ao vídeo a seguir.
Anos 80, a década perdida.
Disponível em: www.youtube.com/watch?v=NwGIOmtNRrY&t=82s.
Acesso em: 9 jun. 2020.

2. Elabore um mapa dos principais conceitos estudados até agora e, com base nele, explique as causas e os efeitos da inflação.

3. Pesquise bens culturais da década de 1980. Se necessário, peça ajuda a seus pais ou familiares que viveram nessa década.

87

CAPÍTULO

8

O CICLO DO DINHEIRO

O QUE VAMOS DISCUTIR?

- O CICLO DO DINHEIRO
- RECEITAS E DESPESAS
- LUCRO BRUTO × LUCRO LÍQUIDO
- POUPANÇA

A empresa japonesa Kongo Gumi é considerada a mais antiga do mundo em atividade. Ela foi fundada no ano de 578 e tem, portanto, mais de 1440 anos de existência!

A empresa começou como construtora de templos e, para resistir por tanto tempo, soube se adaptar às diferentes épocas. Durante a Segunda Guerra Mundial, por exemplo, a Kongo Gumi concentrou suas atividades na fabricação de urnas funerárias.

Em 2006, sob a presidência do quadragésimo Kongo (sobrenome dos proprietários da empresa), ela foi incorporada por outra construtora, a Takamatsu, também japonesa, que manteve suas operações.

Texto produzido pelos autores com base em informações disponíveis no *link* https://mundo-nipo.com/variedades/24/07/2016/as-5-empresas-japonesas-mais-antigas-do-planeta-com-ate-14-mil-anos/ Acesso em: 7 jun. 2020.

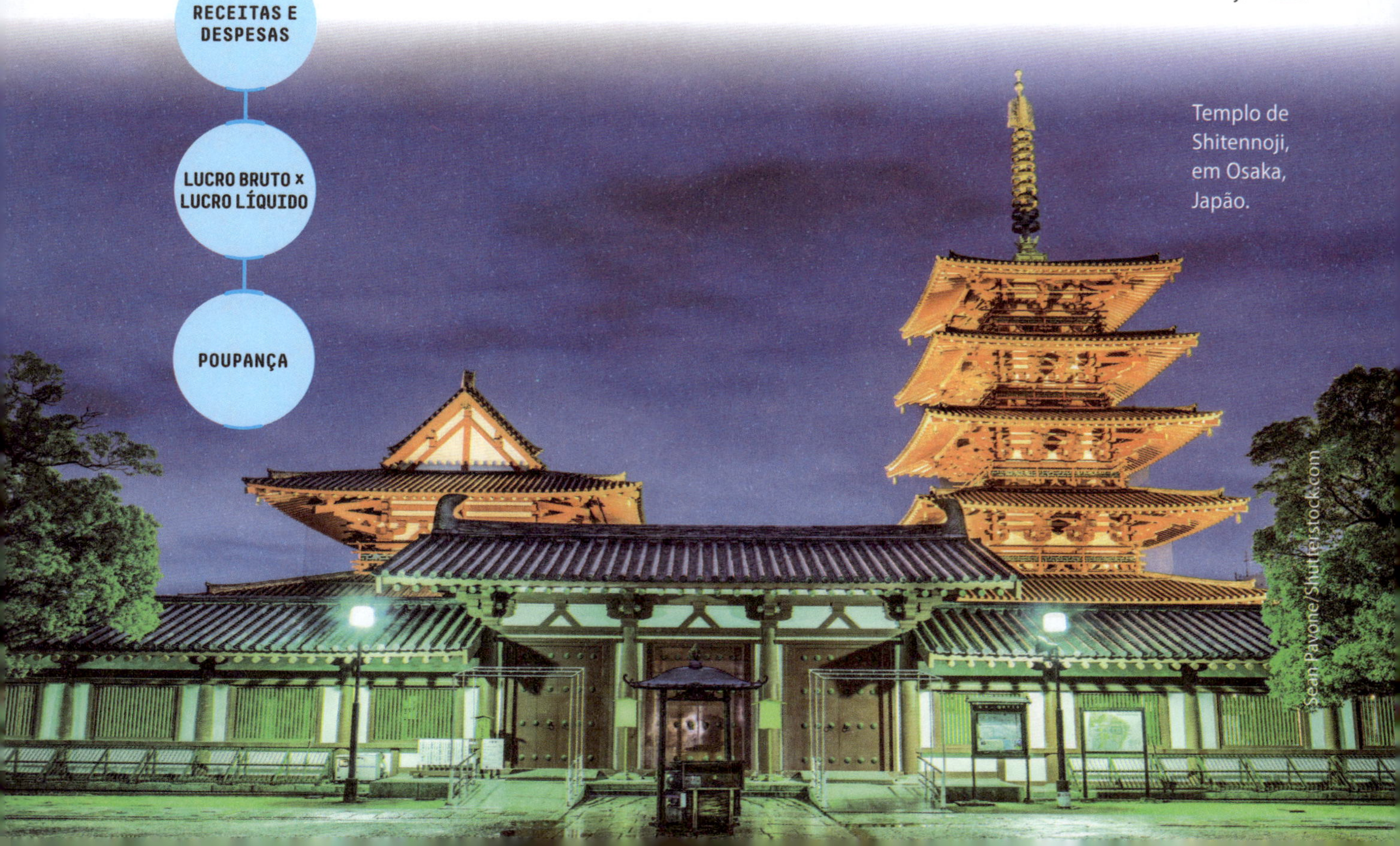

Templo de Shitennoji, em Osaka, Japão.

Sean Pavone/Shutterstock.com

1. Em sua opinião, o que poderia ter acontecido caso a empresa continuasse a fazer apenas templos japoneses, não flexibilizando seus negócios, ou seja, diversificando a produção, em tempos de crise?

2. Uma grande empresa atual desenvolvedora de jogos e consoles, foi fundada em 1889, muito antes do surgimento dos jogos eletrônicos e, à época, seu principal negócio era a produção de baralhos japoneses. Em sua opinião, o que teria acontecido a essa empresa caso permanecesse exclusivamente no mesmo ramo?

3. Ambas as empresas citadas, como todas as que existem, têm o lucro como objetivo central. O que pode ocorrer às empresas caso seus proprietários gastem todo o lucro em coisas pessoais?

O ciclo do dinheiro

O planejamento é essencial para a **saúde financeira** de qualquer pessoa, família, empresa ou mesmo país. As ferramentas estudadas, como a organização dos gastos e ganhos em quadros, ajudam-nos a ter uma boa ideia da nossa situação e do que podemos fazer ou não com o dinheiro. E com isso conseguimos poupar para alcançar nossos objetivos, estipulando degraus ou metas possíveis de serem realizadas.

Nesse processo todo há uma ideia muito importante na Educação Financeira: o **ciclo do dinheiro**! Geralmente, as pessoas ganham dinheiro e gastam parte dele ao longo do mês. O que sobra é poupado ou investido, gerando uma nova renda no futuro. Esse ciclo se repete: quando recebermos um novo montante de dinheiro, gastaremos parte dele, pouparemos ou investiremos outra parte, e assim por diante.

1. Em sua opinião, se uma família passar a ganhar o dobro do que recebe atualmente, ela passará a gastar o dobro com itens essenciais, como alimentação, aluguel e luz? Qual será o reflexo disso no valor que ela pode poupar ou investir?

2. Com base no que você respondeu na questão anterior, reflita e responda: Comparando-se duas famílias, uma de renda alta e outra de renda baixa, para qual delas é mais difícil poupar? Por quê?

3. Imagine, agora, que essas duas famílias perderão 30% de suas rendas e serão forçadas a cortar alguns gastos. Qual família terá mais dificuldades? Por quê?

Receitas e despesas

Recorde os conceitos de receita e despesa:

Receita: todo valor financeiro que é recebido por um governo, uma empresa ou uma pessoa.
Despesa: tudo que é gasto por um governo, uma empresa ou uma pessoa.

Vamos retomar esses conceitos, aplicando-os agora em situações mais amplas.

Pensando apenas na perspectiva de uma empresa, vamos explorar um pouco mais o conceito de **receita** e, mais à frente, voltaremos a falar de despesa.

ESTUDO DE CASO 1

A empresa Fofos S.A. fabrica e vende foquinhas de pelúcia.

1. Caso a empresa venda, em um mês, 400 pelúcias a R$ 50,00 cada, qual será a sua receita?

90

2. Para tentar ampliar as vendas, suponha que a empresa reduziu o preço para R$ 40,00 por pelúcia e conseguiu vender, ao longo de um mês, 600 unidades. Qual é a receita nesse mês?

Podemos definir a receita obtida com a venda de determinado item como o produto entre o preço de venda e a quantidade vendida:

$$\text{receita} = \text{preço} \times \text{quantidade}$$

3. Suponha que a Fofos S.A. tenha obtido, em determinado mês, uma receita de R$ 35.000,00. Sabendo que o preço de venda foi de R$ 50,00 a unidade, qual foi a quantidade vendida?

4. Em outro mês, a receita foi de R$ 28.000,00 com a venda de 800 foquinhas de pelúcia. Qual foi o preço de venda nesse mês?

APROFUNDANDO!

Uma empresa de joias tem poucos compradores se comparada a uma empresa de bijuterias. Em compensação, vende cada produto a um preço muito mais alto.

Podemos dizer que a empresa de joias ganha na **margem** de preço. Apesar de a quantidade vendida ser baixa, sua receita pode ser alta, em razão do valor de cada item vendido.

Por sua vez, uma empresa de bijuterias costuma vender seus produtos a preços relativamente baixos, ganhando pouco em cada item. Em contrapartida, vende em grandes quantidades, podendo igualmente gerar uma receita alta. Em outras palavras, seu ganho está no **giro**, termo utilizado para descrever empresas que têm sua receita baseada no grande volume de venda.

Lojas com preços menores costumam ganhar no giro, enquanto lojas com preços maiores ganham na margem.

1. Com base no texto da seção Aprofundando, faça o que se pede.

a) Dê ao menos dois exemplos de empresa cuja receita tenha base, principalmente, na margem de preço.

b) Dê ao menos dois exemplos de empresa cuja receita seja baseada, principalmente, no giro.

Receitas fixas e variáveis

Você sabe qual é a renda aproximada da sua família? Para muitas pessoas, essa é uma pergunta simples de responder: adicionam-se os salários dos membros da família. Para outras, no entanto, é uma informação imprecisa, difícil de definir.

Isso ocorre porque há receitas (como os salários) que podem ser tanto fixas quanto variáveis. Se uma pessoa trabalha com carteira assinada e recebe, todo mês, o mesmo valor de salário, dizemos que ela tem uma **receita fixa**.

Já um **trabalhador autônomo** tem rendimentos que variam de um mês a outro. Isso se dá pelo fato de que sua renda depende do número de vendas ou atendimentos que ele conseguir fazer em determinado mês. Dizemos que esse trabalhador tem **receita variável**.

A renda de um motorista de ônibus não varia. Ou seja, sua renda é fixa.

A renda de um entregador de comida depende da quantidade de entregas. Ou seja, ela é variável.

DICIONÁRIO FINANCEIRO

Receita fixa: qualquer recebimento em dinheiro que não varia ao longo do tempo.

Receita variável: qualquer recebimento em dinheiro que varia ao longo do tempo.

Trabalhador autônomo: trabalhador por conta própria, como vendedores, motoristas de aplicativos, advogados, psicólogos.

2. Indique ao menos outras duas ocupações com salários fixos e duas com rendas variáveis.

3. Um dos problemas da renda variável é a dificuldade de manter um bom planejamento financeiro, uma vez que não se sabe com precisão quanto se receberá. Qual seria uma boa estratégia para organizar um planejamento financeiro nesse caso?

4. As empresas, de modo geral, trabalham com receitas fixas ou variáveis? Por quê?

Despesas fixas e variáveis

Acabamos de conhecer o conceito de receitas fixas e variáveis. Agora, para abordar o conceito de despesas fixas e variáveis, vamos recorrer novamente à empresa Fofos S.A.

ESTUDO DE CASO 2

Em geral, matérias-primas (como a espuma de preenchimento para bichos de pelúcia) são despesas variáveis.

Para produzir as foquinhas de pelúcia, a Fofos S.A. precisa pagar o aluguel de um grande galpão, onde ficam seus 12 funcionários. Além disso, paga a prestação das máquinas usadas na produção.

Imagine que, em determinado mês, por alguma razão, a empresa não produza nenhuma foquinha de pelúcia. O que acontece com esses gastos? Imagine também que, em outro mês, a produção ultrapasse os mil bichinhos. E agora, o que acontece com os gastos mencionados?

Se você respondeu que esses gastos não se alteram, acertou! Esse tipo de gasto – aluguel, funcionários e prestação – é o que chamamos de **despesas fixas**.

A Fofos S.A. também gasta certa quantidade de tecido e espuma para cada pelúcia produzida. Na situação em que a empresa não produziu nenhuma pelúcia, diferentemente das despesas fixas, essas terão valor igual a zero. Isso é o que chamamos de **despesa variável**, uma vez que seu valor varia de acordo com a quantidade produzida.

DICIONÁRIO FINANCEIRO

Despesa fixa: qualquer gasto que não varia ao longo do tempo. No caso de uma empresa, ele não depende da quantidade produzida.

Despesa variável: qualquer gasto que varia de acordo com a quantidade produzida.

Dessa forma, podemos concluir que:

despesa variável total = despesa variável unitária × quantidade

1. A Fofos S.A. possui despesas variáveis de R$ 4,50 por foca produzida. Além disso, suas despesas fixas mensais somam R$ 19.000,00. Determine as despesas totais, considerando que:

a) a empresa não produza nenhuma foca no mês;

b) a empresa produza 100 focas no mês;

c) a empresa produza 2 300 focas.

2. Já pensou nos gastos que a sua escola tem todos os meses? Aproveite o estudo da Fofos S.A. e monte no caderno um quadro como o do modelo abaixo. Em seguida, preencha com os itens de gastos da escola. Indique pelo menos cinco despesas fixas e cinco despesas variáveis, mas fique à vontade para ir além desse número. Você pode fazer essa atividade em grupo.

Depois de preencher o quadro, enumere os gastos em ordem decrescente do que você acredita serem seus valores (do mais elevado para o de menor valor).

Escola:			
Despesa fixa		**Despesa variável**	
Item	**Gasto**	**Item**	**Gasto**

Lucro

Você já sabe que o lucro de uma empresa consiste na diferença entre receitas e despesas. Agora, vamos aprofundar essa definição. Se utilizarmos o que já sabemos sobre receitas e despesas e aplicarmos nossos conhecimentos de equação, obteremos resultados interessantes. Observe:

lucro = receitas – despesas

Mas sabemos que:

receita = preço × quantidade

Logo:

$$\text{lucro} = \text{preço} \times \text{quantidade} - \text{despesas}$$

Já sabemos também que há dois tipos de despesa. Assim:

$$\text{lucro} = \text{preço} \times \text{quantidade} - \text{despesas fixas} - \text{despesas variáveis}$$

Por fim, como a despesa variável depende da quantidade produzida, temos:

$$\text{lucro} = \text{preço} \times \text{quantidade} - \text{despesas fixas} - \text{despesa variável unitária} \times \text{quantidade}$$

OBSERVE QUE A QUANTIDADE PRODUZIDA INFLUENCIA NO VALOR DA RECEITA E DA DESPESA VARIÁVEL.

APROFUNDANDO!

Observe na equação do lucro que, se a empresa não produzir nada, apesar de não ter despesas variáveis, ficará no prejuízo, uma vez que a receita também será zero e haverá despesas fixas a cobrir.

Conforme aumentamos a produção, a despeito de as despesas variáveis também aumentarem, a receita cresce em um ritmo mais intenso, o que faz com que o prejuízo caia até atingir o chamado **ponto de equilíbrio**, situação na qual a empresa não apresenta lucro nem prejuízo. Acima dessa produção, a empresa passa a ter lucro e, abaixo dela, volta ao prejuízo.

Bruto × líquido

Talvez você já tenha reparado, em algumas embalagens, a presença de informações sobre peso. Indicam-se o peso líquido e o peso bruto. Qual é a diferença entre eles?

Em itens armazenados em estado líquido ou sólido, como é o caso do produto da fotografia ao lado, o **peso bruto** é a massa total da embalagem, incluindo, por exemplo, a água e a própria embalagem. O **peso líquido**, por sua vez, é a massa exclusiva do produto (carne, azeitona, palmito, refrigerante etc.), já descontando o que não será aproveitado pelo cliente, por exemplo, a água com conservante.

95

Sabendo disso, você tem alguma pista sobre o que significam, por exemplo, salário bruto e lucro líquido?

Se descontarmos das receitas todas as despesas, o que temos é o que chamamos de **lucro bruto**. As empresas também pagam impostos sobre o lucro; somente após pagá-los, elas terão o valor que de fato lhes pertence – trata-se do **lucro líquido**.

Veja agora o caso do trabalhador. Ele é contratado para trabalhar certo período e receber um **salário bruto**. O valor que cai em sua conta bancária, porém, não é equivalente ao salário. Dele foram descontados os impostos (como o já conhecido Imposto de Renda) e outras taxas; por isso é chamado de **salário líquido**.

1. Luiz Roberto trabalha em uma peixaria e ganha, por mês, R$ 3.000,00 de salário bruto.

    a) Supondo que o valor do imposto de renda seja 7,5% sobre o que exceder R$ 1.900,00, qual é o valor correspondente ao imposto?

    b) Os demais tributos, juntos, ficam em torno de 6% do salário bruto de Luiz Roberto. Qual é o valor total desses descontos?

    c) Qual é o valor do salário líquido de Luiz Roberto?

APROFUNDANDO!

O caso Kodak

A Kodak, fundada em 1888, foi por muito tempo a maior empresa de câmeras e filmes fotográficos do mundo, chegando a ser dona de 90% das vendas desse produto nos Estados Unidos, em uma época na qual as fotografias digitais ainda não existiam.

O curioso da história, porém, é que a Kodak sempre investiu grande parte de seus lucros em pesquisas para melhorar seus produtos. Em uma dessas pesquisas, foi desenvolvido o protótipo de uma câmera digital (o que revolucionaria o mercado), muito antes de outras empresas lançarem produtos do tipo. Porém, com medo do impacto que isso teria na venda de filmes fotográficos, a empresa optou por ignorar essa invenção.

Resultado: anos depois, outras empresas lançaram câmeras digitais. Os filmes e as câmeras analógicas da Kodak perderam mercado rapidamente, e a empresa viu seu império acabar em poucos anos.

Poupança

Você já sabe que poupança é todo dinheiro que conseguimos economizar durante certo período de tempo. Essa ideia pode ser transformada em uma equação. Acompanhe.

Se a poupança é tudo aquilo que não gastamos, podemos afirmar que:

$$\text{poupança} = \text{renda} - \text{despesa}$$

Mas qual é a vantagem de pouparmos dinheiro? A resposta pode variar bastante:

- ter dinheiro quando não estivermos mais trabalhando, guardar para a aposentadoria;

- poder usar o dinheiro em eventualidades, como um tratamento médico ou uma reforma em nossa casa;

- poder realizar um sonho, como uma viagem.

Qualquer que seja o motivo, as pessoas costumam guardar esse dinheiro poupado em diferentes formas de investimento, que possibilitam obter um rendimento futuro.

CURIOSIDADES

É muito comum a confusão entre o conceito de **poupança**, que vimos aqui, com o de "Caderneta de Poupança". A Caderneta de Poupança é uma das muitas formas de investir o dinheiro poupado e, por ser a mais popular no Brasil, é comum que as pessoas considerem os dois termos como sinônimos.

PENSE NISSO!

A capacidade de poupar pode variar bastante de uma pessoa para outra, por conta de vários aspectos, como a renda individual ou ter a propriedade do imóvel em que reside. Junto com um colega, indique outros fatores que podem influenciar na quantidade poupada por uma pessoa.

APLIQUE SEU CONHECIMENTO!

Lembra-se da empresa Fofos S.A.? Ela vai definir o preço de venda para seu mais novo produto: o cãozinho vira-lata de pelúcia!

Para isso, ela precisa montar um estudo detalhado considerando vários fatores. E você vai ajudá-la nesse desafio!

1. Determine o custo das **despesas variáveis** por unidade produzida. Analise os dados do quadro a seguir e calcule.

Item	Valor (R$)
Espuma	9,10 por unidade
Tecido	5,00 por unidade
Tinta	40,00 para cada 100 unidades
Embalagem	0,30 por unidade
Kit com linha e cola	200,00 para cada 1 000 unidades

Olga Kovalenko/Shutterstock.com

2. Calcule o custo fixo mensal desse novo setor da empresa, com base nos dados abaixo.

Item	Valor (R$)	Período
Energia elétrica	700,00	mensal
Água	250,00	mensal
Aluguel do galpão	3.200,00	mensal
Pagamento de salários	16.000,00	mensal
Materiais de limpeza e escritório	3.600,00	anual
Gastos com advogado e contador	12.000,00	anual

3. Quanto mais caro for um produto, menor a quantidade de pessoas interessadas em comprá-lo. Pensando nisso, uma equipe da empresa fez uma estimativa de vendas com base em cinco alternativas de preço. Analise o gráfico a seguir e escolha o preço ideal.

4. Determine a receita da empresa com o preço ideal de venda e a quantidade vendida.

5. Determine o lucro bruto da empresa com os vira-latas de pelúcia.

6. Finalmente, sabendo que 15% dos lucros serão gastos em impostos, calcule o lucro líquido da empresa.

Parabéns! Agora é hora de a empresa ligar as máquinas e produzir!

SAIBA MAIS!

VÍDEO:

- **A odisseia dos tontos**
  Direção: Sebastián Borensztein. Argentina/Espanha: Warner Bros., 2019. 120 min.
  O filme mostra os impactos de uma crise econômica em um grupo de moradores de Buenos Aires, na Argentina, e suas formas de lutar contra essa situação.

UNIDADE 3
PLANEJAR E EMPREENDER

Rawpixel.com/Shutterstock.com

Nesta Unidade, vamos tratar de alguns assuntos de grande importância na área da Educação Financeira, tais como o planejamento financeiro, o empreendedorismo, a relação entre produção e preço dos produtos e a questão dos juros compostos, aqueles que aparecem na vida real em aplicações financeiras e no cálculo de multas a serem pagas.

Para se preparar para esses temas, reflita sobre as seguintes questões:

1. Você acha que o planejamento financeiro deve fazer parte do dia a dia das famílias? Por quê?

2. Em sua opinião, o que é necessário para uma pessoa ou um grupo de pessoas abrir o próprio negócio?

3. O que é inflação e qual é sua importância na vida de uma pessoa ou de um país?

4. Qual é a diferença entre juros simples e juros compostos?

Qvasimodo art./Shutterstock.com

CAPÍTULO 9

PLANEJAMENTO FINANCEIRO FAMILIAR

- O QUE VAMOS DISCUTIR?
- O QUE É PLANEJAMENTO
- PLANEJAMENTO FINANCEIRO FAMILIAR
- PLANILHA ELETRÔNICA

Até aqui, você já conhece alguns episódios da história do dinheiro e como ocorre sua circulação na sociedade. Também aprendeu que existem diversas formas de dinheiro, entre elas o papel-moeda (que são as cédulas ou notas), a moeda de metal, o cheque e os cartões de plástico, de débito e/ou crédito.

Já sabe também que para manter o equilíbrio financeiro e realizar sonhos é preciso organizar nossas receitas e nossos gastos por meio do **orçamento familiar**.

Essa organização possibilita o controle da situação financeira, com a elaboração de um planejamento que esteja de acordo com nossa renda e nossos gastos e com as metas e os objetivos que pretendemos alcançar.

Agora, chegou o momento de pensar em **planejamento financeiro familiar**. Para isso, é preciso parar, fazer um diagnóstico da situação, dos recursos disponíveis, das receitas e despesas da família, e depois traçar um planejamento para o futuro. Nesse processo, algumas questões surgem, como esta: Como eleger prioridades e tomar decisões tendo em vista realizar os sonhos?

ESB Professional/Shutterstock.com

Todo ser humano precisa de segurança e proteção. Esse é um dos motivos pelos quais é importante realizar o planejamento financeiro familiar.

102

1. Em grupos de quatro ou cinco participantes, respondam às questões a seguir e registrem as respostas no caderno. Se necessário, utilizem um dicionário para auxiliá-los.

   a) Quais as diferenças entre as expressões "orçamento familiar" e "planejamento financeiro familiar"?

   b) Uma família consegue fazer um planejamento sem que suas finanças estejam organizadas? De que modo?

   c) Na sua casa, você e seus familiares têm algum tipo de controle financeiro ou fazem o planejamento financeiro familiar? De que modo isso acontece?

O que é planejamento

A palavra **planejamento** pode ser aplicada em diferentes contextos. Quando uma pessoa pretende fazer uma viagem para o exterior, por exemplo, deve planejar o que fazer com muito cuidado e antecedência, pois é preciso verificar se tem passaporte e, se tiver, se está na validade; se o país para o qual ela irá exige visto ou não; se há necessidade de tomar algum tipo de vacina; se há hotéis próximos às atrações turísticas que deseja visitar; se os meios de transporte locais são eficientes ou se é melhor alugar um carro... Enfim, são muitas decisões a tomar.

Além disso, é necessário analisar a moeda que irá levar para os gastos gerais, entre eles a alimentação. Tudo isso precisa ser listado e providenciado.

Planejar uma viagem envolve muitos detalhes importantes, o que torna a organização fundamental para controlar esse processo e possibilitar que ele tenha o resultado esperado.

> **DICIONÁRIO FINANCEIRO**
>
> **Planejamento**: plano feito para se alcançar um objetivo. Ele envolve a análise realista da situação, a definição dos objetivos, a obtenção dos recursos necessários e o estabelecimento de prioridades.

Ao viajar, criamos novas memórias, novas histórias. Mas, para isso, é preciso muito planejamento.

O planejamento, portanto, deve ser iniciado alguns meses antes da viagem, uma vez que alguns detalhes podem levar algum tempo para serem concluídos. O gasto com a passagem aérea pode ser menor se o viajante pesquisá-la meses antes, procurando alguma oferta.

Portanto, planejamento é um conjunto de ações que devem ser pensadas com antecedência, com a finalidade de preparar o caminho para realizar um sonho.

Para realizar o planejamento de uma viagem, é preciso, primeiro, escolher um lugar que se deseja conhecer.

1. Reúna-se com os colegas de grupo e conversem sobre os temas propostos a seguir.

    a) Após a leitura do significado da palavra **planejamento**, vocês modificariam as respostas dadas às perguntas da atividade 1 anterior? Como seriam essas respostas agora?

    b) Pesquisem na internet como se faz a solicitação de passaporte, assim como o valor e os prazos referentes à emissão desse documento.

    c) Pesquisem na internet o nome de três países que exigem visto para a entrada de brasileiros. Em seguida, verifiquem o tempo médio para consegui-los e o valor cobrado. **Dica:** Consultem os *sites* oficiais dos consulados desses países no Brasil e também o *site* do Ministério das Relações Exteriores, conhecido como Itamaraty.

2. Com os integrantes do grupo, escolham um dos países indicados como resposta à atividade 1c e façam uma pesquisa de cinco atrações turísticas que ele tem e que vocês gostariam de visitar durante uma estada de sete dias.

Pesquisem também os valores cobrados para ter acesso a esses locais na moeda brasileira, se a visitação não for gratuita.

Dois dos sete dias programados para a viagem devem ser reservados para descanso ou chegada e saída do país.

CURIOSIDADES

Há países que não exigem visto de entrada de turistas brasileiros. Alguns deles dispensam o visto para estadias no local somente até certo período. Veja os exemplos: Cingapura e Indonésia: dispensa de visto por até 30 dias; França e Grécia: dispensa de visto por até 90 dias; Colômbia e Reino Unido: dispensa de visto por até 180 dias.

Fonte: BRASIL. Ministério das Relações Exteriores. *Vistos*. [Brasília, DF]: Itamaraty, [20--?]. Disponível em: http://www.portalconsular.itamaraty.gov.br/vistos-para-viajar-a-outros-paises. Acesso em: 10 jun. 2020.

ESTUDO DE CASO 1

Para dar continuidade à pesquisa, aplicando o que vocês aprenderam sobre planejamento, escolham um país que gostariam de conhecer, definam uma data para a viagem e façam um orçamento do custo seguindo os procedimentos abaixo e pesquisando na internet.

1. Pesquisem um hotel e o valor cobrado pela hospedagem, em moeda brasileira, de uma estada de sete dias e sete noites para duas pessoas. Observem que as diárias de hotel variam de acordo com as datas escolhidas (as viagens costumam ser mais caras no verão e durante as férias escolares nos países escolhidos).

2. Façam um levantamento de quantas refeições vocês farão e de qual será o custo delas em reais.

3. Verifiquem o preço de aluguel de um carro básico para sete dias.

4. Façam um orçamento de quanto custarão as duas passagens aéreas para o país na data escolhida pelo grupo.

105

5. Agora, elaborem no caderno ou em um arquivo digital uma tabela como a do modelo abaixo. Depois, completem com as informações necessárias para o planejamento financeiro da viagem.

País a ser visitado		Preços (R$)	
Data da viagem		Individual	Total
Data para iniciar as providências para a emissão do visto			
Nome do hotel			
Lugares a serem visitados:			
1.			
2.			
3.			
4.			
5.			
Refeições			
Passagens aéreas			
Total			

6. Analisem se há algum item que vocês acham importante incluir no quadro e que não tenha sido discutido nas questões anteriores (por exemplo, traslado entre aeroporto e hotel e entre hotel e lugares a serem visitados; valor extra a ser levado para emergências; seguro viagem, que é obrigatório em alguns países; lembranças e presentes).

7. Apresentem para a turma o planejamento financeiro que realizaram, explicando a estratégia que adotaram para elaborá-lo.

PENSE NISSO!

A tabela acima é um exemplo de registro de planejamento. Na vida real, cada pessoa pode fazer o registro como achar mais conveniente, definindo os itens que considerar necessários.

Alimente o sonho de viajar para um país que o atraia. Aproveite para conhecer a cultura local, a gastronomia, a arte, a música, as belezas naturais e a história. As memórias construídas em uma viagem enriquecem nosso repertório cultural.

Planejamento financeiro familiar

Depois de realizar na prática um planejamento em grupo, podemos pensar no planejamento financeiro familiar.

Trata-se do planejamento da parte financeira e das ações e providências a serem tomadas com o dinheiro da família ao longo de um mês, de um ano ou dos próximos anos, em função das despesas e receitas, das prioridades e necessidades, das metas e dos objetivos.

Ter controle sobre as finanças permite o equilíbrio no planejamento familiar.

ATENÇÃO!

É importante perceber que o planejamento familiar não é apenas uma tabela física ou digital preenchida com despesas e receitas. Ele deve resultar do diálogo entre os membros da família para que, juntos, todos possam definir suas prioridades e objetivos.

Saber aonde se quer chegar é fundamental na vida financeira de uma família. Acima de tudo, é preciso estar consciente do que é necessidade e do que é desejo, para não cair em armadilhas publicitárias que levam uma pessoa a comprar coisas das quais não precisa de fato.

A conversa em família tem o objetivo de deixar claro para todos os membros os sonhos de cada um e os sonhos da família. Portanto, trabalham-se nessa conversa aspectos individuais e coletivos.

Elaborar um planejamento eficiente

1ª etapa: Listar todas as receitas e adicioná-las.

Essa parte exige que tenhamos em mãos o valor dos salários de cada membro da família, o **valor líquido** a ser recebido no mês e também os valores médios de outros rendimentos da família, no caso de trabalhadores autônomos.

DICIONÁRIO FINANCEIRO

Valor líquido: corresponde ao valor do salário bruto (integral) menos os descontos (INSS – Instituto Nacional do Seguro Social, IRRF – Imposto de Renda Retido na Fonte e outros lançados no holerite).

2ª etapa: Listar todas as despesas e adicioná-las.

A organização é fundamental neste momento, pois não podemos nos esquecer de nenhum gasto mensal. É importante estimar com realismo os gastos com lanches e refeições fora de casa.

3ª etapa: Analisar a situação financeira RECEITAS – DESPESAS.

Ligue o botão de alerta em relação a situações em que se obtêm resultados negativos, por uma razão óbvia: não podemos gastar mais do que recebemos no mês. Nas situações em que o resultado é positivo, deve-se ter em mente que podemos melhorá-lo.

4ª etapa: Listar as despesas e ordenar prioridades entre elas.

Esta etapa deve ser realizada no que se refere tanto aos resultados financeiros negativos quanto aos positivos. Obviamente, nos casos negativos, a ordenação de prioridades terá um peso determinante na busca de melhores resultados.

5ª etapa: Definir gastos a serem eliminados ou reduzidos para otimizar o resultado de RECEITAS – DESPESAS.

Após ordenar as prioridades, é necessário elencar tanto os gastos que podem ser cortados como aqueles que podem ser reduzidos. O propósito aqui é melhorar o resultado RECEITAS – DESPESAS, o qual deve ser positivo!

6ª etapa: Conversar com toda a família sobre os sonhos de curto, médio e longo prazo de cada integrante.

Essa conversa pode acontecer em várias etapas, e a reflexão sobre o que pode ser alcançado no curto, médio ou longo prazo exige calma e muito diálogo. Mas uma coisa é essencial: sonhos devem ser discutidos sempre em conjunto.

7ª etapa: Decidir quais sonhos serão os primeiros a serem alcançados.

A decisão sobre a prioridade dos sonhos deve levar em consideração o resultado RECEITAS – DESPESAS. Por isso, ressaltamos a necessidade de organização e do maior nível de detalhamento possível na realização das fases anteriores. O registro desta fase é fundamental para que não se percam informações e decisões combinadas coletivamente.

A família deve se reunir constantemente para conversar sobre o planejamento financeiro familiar.

8ª etapa: Estabelecer valores a serem poupados mês a mês, de acordo com a conversa entre os membros da família.

Tomada a decisão sobre os sonhos que deverão ser alcançados, estipulem valores a serem poupados mensalmente com a finalidade de realizar esses sonhos.

9ª etapa: Poupar um valor como reserva para emergências.

É fundamental reservar um valor no orçamento para eventuais surpresas, como uma multa ou um gasto extra com saúde.

10ª etapa: Reavaliar todas as etapas anteriores a cada mês.

A reavaliação mensal das etapas anteriores tem como objetivo verificar se a família está conseguindo cumpri-las, buscar corrigir possíveis erros ou inconsistências e realizar ajustes.

As etapas a serem cumpridas para elaborar um planejamento eficiente podem ser assim representadas:

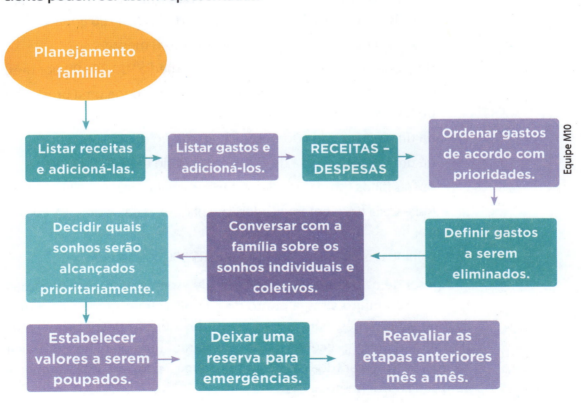

109

Planilha eletrônica

Para podermos trabalhar o conceito de planilha eletrônica, vamos imaginar o caso proposto a seguir.

ESTUDO DE CASO 2

A família Silva é composta de cinco membros. O pai, Rui Silva, trabalha na Receita Federal e recebe um salário líquido de R$ 11.750,00 por mês. A mãe, Célia Silva, é médica e recebe o valor líquido de R$ 13.200,00 por mês.

Os filhos não trabalham, pois estão em idade escolar. Os três estudam em uma escola particular que cobra R$ 2.350,00 mensais por aluno.

As despesas da família são altas:

- com a alimentação (supermercado) gastam cerca de R$ 2.500,00 por mês;
- o seguro-saúde mensal para toda a família totaliza R$ 4.350,00;
- os valores anuais do Imposto Predial e Territorial Urbano (IPTU) são de R$ 1.380,00 para a casa principal e de R$ 720,00 para a casa da praia;
- os dois condomínios somam R$ 1.200,00 mensais;
- o Imposto sobre Propriedade de Veículos Automotores (IPVA) para os dois carros utilizados pela família é de R$ 3.600,00 anuais;
- o custo da TV por assinatura é de R$ 360,00 mensais;
- despesas com combustível somam em média R$ 1.800,00 por mês;
- o imóvel da capital foi financiado e a família paga uma prestação de R$ 3.200,00 para o banco;
- há uma empregada doméstica com salário de R$ 1.800,00;
- há um caseiro na casa de praia, cujo salário é de R$ 1.500,00;
- os três filhos estudam Inglês, e a mensalidade total é de R$ 1.200,00;
- Rui e Célia frequentam academia e pagam, para os dois, R$ 800,00 por mês;
- os filhos recebem uma mesada de R$ 300,00 cada um.

Apesar de os salários de Rui e Célia Silva serem altos, suas despesas também são muito altas, a ponto de a família "ter entrado no vermelho" no último mês. Para ter um controle sobre as despesas e evitar gastar mais do que recebem, eles elaboraram uma planilha eletrônica na qual vão marcar todas as despesas do mês, para, ao final, comparar com seus rendimentos.

Vamos lá! Utilizando uma planilha eletrônica, criaremos duas colunas para as "Despesas" e duas para as "Receitas". Ficará assim:

Todas as planilhas foram feitas no editor de planilha Excel do Microsoft 365.

	A	B	C	D	E	F
1		DESPESAS	R$	RECEITAS	R$	
2						
3						

Equipe M10

Agora, vamos inserir dados nas colunas. Observe que há uma coluna para a identificação cada despesa e outra para inserir seus valores. O mesmo ocorre com os salários. Todos os valores listados serão os mensais. Se houver uma despesa anual, ela deve ser dividida por 12 para ser lançada na planilha. Introduzimos inicialmente os salários de Rui e Célia:

	A	B	C	D	E	F
1		DESPESAS	R$	RECEITAS	R$	
2				Salário de Rui	11750	
3				Salário de Célia	13200	
4						

Equipe M10

Agora, vamos adicionar os salários de Rui e Célia que estão nas posições E2 e E3.

Na parte superior da planilha, há três espaços retangulares com fundo branco. No primeiro, no canto superior esquerdo, temos a indicação da célula sobre a qual está o cursor. No caso acima, mostra-se E4, ou seja, o cursor está na célula do cruzamento da coluna E e da linha 4.

No segundo, aparecem três opções, que se referem aos comandos "Cancelar", "Inserir" e "Função", respectivamente. Para acioná-las, devemos selecionar uma célula e, em seguida, digitar alguma "função" ou "operação matemática" que desejamos realizar na célula selecionada.

O terceiro consiste em um espaço em branco a ser preenchido com a "operação matemática" que se deseja realizar. Na planilha demonstrativa, queremos adicionar os salários de Rui e de Célia, ou seja, as células E2 e E3, nas quais constam esses valores.

Vale destacar que a planilha eletrônica possui uma linguagem própria, que é preciso conhecer para utilizá-la com eficiência. Por exemplo, vamos usar a célula E4 para mostrar a soma dos salários. Para isso, devemos selecionar a célula E4 e digitar o que segue no terceiro quadrinho em branco:

=SOMA(E2:E3)

Em que:
- o sinal de = significa "recebe";
- a palavra SOMA indica a operação a ser feita;
- as células entre parênteses indicam que vamos somar tudo o que estiver entre as células E2 e E3.

Após digitar =SOMA(E2:E3), tecle "Enter". Em seguida, o valor da soma dos salários aparecerá na célula E4.

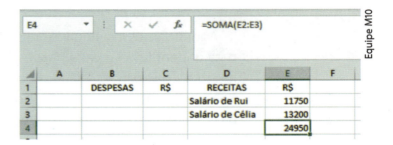

Também é possível executar a soma item por item. Basta digitar = E2 + E3 e teclar "Enter". Vejamos:

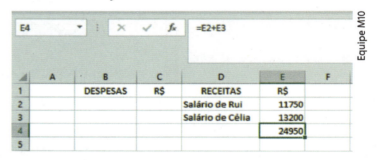

Para intervalos grandes, porém, a primeira opção é mais eficaz.

Agora, vamos inserir os gastos:

	A	B	C	D	E	F
1		DESPESAS	R$	SALÁRIOS	R$	
2		Colégio	7050	Rui	11750	
3		Alimentação	2500	Célia	13200	
4		Saúde	4350		24950	
5		IPTU capital	115			
6		IPTU praia	60			
7		Condomínio	1200			
8		IPVA	300			
9		TV	360			
10		Combustível	1800			
11		Financiamento	3200			
12		Funcionária	1800			
13		Caseiro	1500			
14		Esportes filhos	1200			
15		Acedemia pais	800			
16		Mesada	900			
17		TOTAL				

Algumas despesas foram divididas por 12 em razão de serem anuais, como o IPTU e o IPVA.

Agora, vamos definir o total dos gastos que ficará na célula C17, já selecionada na figura anterior. Basta, então, digitar:

=SOMA(C2:C16)

Essa indicação significa que vamos adicionar todas as células que estiverem entre C2 e C16.

Equipe M10

Portanto, o total de despesas da família, R$ 27.135,00, é maior que o total dos salários de Rui e Célia, de R$ 24.950,00. Para evidenciar esse resultado negativo, criaremos uma célula na qual será apresentado o valor Total de salários – Total de despesas, que chamaremos de RESULTADO, a ser inserido na célula E9, já selecionada acima.

A fim de que na célula E9 apareça a diferença entre o salário total e as despesas totais, devemos digitar =E4-C17.

Equipe M10

Elencar todas as despesas em uma planilha possibilitará que a família Silva analise detalhadamente e com maior eficácia suas despesas. Desse modo, facilita-se a tomada de decisão referente a diminuição de alguns gastos ou mesmo eliminação de alguns itens.

APROFUNDANDO!

[...]
O planejamento financeiro possibilita ao cidadão ou família adequar suas rendas às suas necessidades. Para isso é fundamental o envolvimento de todos que estão sujeitos ao mesmo orçamento, no sentido de conhecer seu potencial econômico, ter noção de valores e estabelecer metas, prioridades e prazos para a realização.

Elaborar, seguir e aperfeiçoar o planejamento financeiro pessoal e familiar pode ser o caminho mais curto entre a satisfação das necessidades fisiológicas (comida, água e abrigo), base da pirâmide de Maslow [...], e a necessidade de autorrealização que figura no topo da pirâmide e cujo conceito é o desenvolvimento e realização pessoal.

[...]

GIARETA, Marisa. *Planejamento financeiro pessoal*: uma proposta de controle de fluxo de caixa para orçamento familiar. 2011. Trabalho de Conclusão de Curso (Pós-Graduação em Administração) – Universidade Federal do Rio Grande do Sul, Porto Alegre, 2011. Disponível em: www.lume.ufrgs.br/handle/10183/77602. Acesso em: 10 jun. 2020.

APLIQUE SEU CONHECIMENTO!

Reúna-se novamente com os colegas de grupo.

Cada grupo deverá representar uma família e cada membro do grupo assumirá o papel de um dos integrantes da família. Para ficar mais interessante, criem um nome para a família.

A composição da família fica a cargo de cada grupo.

Na sequência, acompanhando os passos do planejamento financeiro familiar, façam o que se pede.

1. Definir a receita de cada um dos adultos da família e calcular o total.

2. Definir todas as despesas da família e calcular o total.

3. Criar uma planilha eletrônica com receitas e despesas, para contabilizar o resultado de RECEITAS – DESPESAS.

4. Ordenar prioridades entre os gastos, mesmo se o resultado estiver positivo.

5. Definir gastos a serem eliminados e/ou reduzidos para otimizar o resultado RECEITAS – DESPESAS.

6. Promover um diálogo entre os integrantes da família para ter conhecimento dos sonhos de curto, médio e longo prazo de cada um.

7. Decidir coletivamente quais sonhos são prioritários, tendo em vista o resultado RECEITAS – DESPESAS já melhorado.

8. Estabelecer valores a serem poupados mensalmente com a finalidade de concretizar os sonhos elencados.

9. Separar um valor a ser poupado como reserva para emergências.

    Obs.: A nona etapa somente poderá ser aplicada após o primeiro mês.

    Ao final, cada grupo deve fazer uma apresentação de sua produção para a turma utilizando, por exemplo, o LibreOffice Calc, que é um *software* gratuito para edição de planilhas eletrônicas.

SAIBA MAIS!

SITES:

- **ENEF – Estratégia Nacional de Educação Financeira**
  Disponível em: www.vidaedinheiro.gov.br/portfolio/planejamento/. Acesso em: 10 jun. 2020.
  Nesta página você encontra mais informações a respeito do planejamento financeiro e sua importância na busca de seus objetivos.

- **Polícia Federal**
  Disponível em: www.pf.gov.br. Acesso em: 10 jun. 2020.
  Neste *site* da Polícia Federal você pode obter mais detalhes sobre a obtenção de passaporte, como taxas, documentos necessários e legislação.

- **AcessaSP – Cadernos eletrônicos**
  http://www.acessasp.sp.gov.br/cadernos/caderno_03_01.php. Acesso em: 10 jun. 2020.
  Aqui há orientações para a construção de planilhas eletrônicas, que são tabelas de informações que podem ser encontradas facilmente. Nas planilhas faz-se rapidamente o cálculo de valores, como adição, subtração e outras fórmulas, além de cronograma ou gráficos.

CAPÍTULO 10
COMPETÊNCIAS PARA EMPREENDER

- O QUE VAMOS DISCUTIR?
- SER EMPREENDEDOR
- CARACTERÍSTICAS DE UM EMPREENDEDOR

Quando começamos a refletir sobre nossos sonhos, somos invadidos por uma infinidade de ideias. Aos poucos, guiados pelos conhecimentos que temos e pelas emoções, assim como por diálogos com familiares e amigos, conseguimos definir melhor o que desejamos.

Nessas situações, podemos ter alguns sonhos no âmbito pessoal, como uma viagem, casamento, compra de uma casa, objetos tecnológicos, além de outros sonhos no âmbito profissional, por exemplo, ser um médico ou abrir uma empresa.

Obviamente, o sonho de ter uma empresa própria não está entre aqueles de curto ou médio prazo. Trata-se de algo mais complexo, que exige, além de vontade, muito estudo, formação e empenho. É claro que a parte financeira é fundamental para que esse sonho se concretize.

Quando falamos de empresa, muitas pessoas pensam somente em estabelecimentos comerciais ou em fábricas. No entanto, a quantidade de empresas de prestação de serviço é alta. Médicos, dentistas, instaladores de equipamentos e outros profissionais autônomos geralmente constituem microempresas que pagam impostos, salários de funcionários, despesas de energia, água e telefone.

Médico atende paciente em seu consultório. Para abrir um empreendimento como esse, são necessários vários documentos. Um deles é a inscrição no Cadastro Nacional da Pessoa Jurídica (CNPJ).

1. Responda às questões a seguir individualmente. Depois, compartilhe suas respostas com os colegas.

    a) Pense em três profissões que você gostaria de exercer. Você trabalharia em uma empresa grande, microempresa ou seria um profissional autônomo?

    b) Você sabe por que um médico precisa abrir uma empresa para ter consultório próprio?

    c) Você sabe o que é CPF? E CNPJ? Faça uma breve pesquisa na internet para saber mais sobre esses dois documentos e identificar a diferença entre eles. Registre os significados no caderno.

Ser empreendedor

Empreendedor: pessoa que sonha e que, depois de definir suas metas, planeja e coloca ações em prática para buscar alcançá-las.

Depois de já ter estudado no capítulo 6 as características de um **empreendedor**, analise as seguintes afirmações:

- Empreendedores são pessoas que **sonham**, muitas vezes desde a infância. Sonhos são os pontos de partida para nossas ações.

- Empreendedores são pessoas que **definem suas metas**. Definir aonde se quer chegar é fundamental para o sucesso de qualquer atividade.

- Empreendedores são pessoas que **planejam**. Organização e planejamento são pilares de um bom trabalho, com conversas, anotações, cálculos e previsões.

- Empreendedores são pessoas que **agem**. Estabelecidas as metas, é hora de fazer planos e de colocá-los em prática para concretizar os sonhos.

Resumindo, empreendedorismo é um modo de vida em que essas quatro características se destacam.

Sonhar. Uma pessoa empreendedora é aquela que possui um sonho.

Definir metas. Com o sonho definido, é hora de definir metas.

Planejar. Em seguida, é preciso fazer um planejamento.

Agir. Colocar o planejamento em prática pode resultar na concretização do sonho, da meta definida.

ESTUDO DE CASO 1

Para concretizar um sonho, alcançar uma meta, sempre são necessários alguns passos. Nessa caminhada, você vai conhecer pessoas, trabalhar com pessoas diferentes de você, que têm uma história de vida diferente da sua. Lembre-se, então, de valorizar as suas conquistas e as conquistas daqueles com quem você convive.

Para começar essa caminhada, reúna-se com quatro ou cinco colegas para discutir e determinar o que se pede a seguir, considerando o desejo de Beto:

Slava Zyrianov/Shutterstock.com

> "Beto tem 13 anos, estuda em uma escola pública e reside com seus pais e um irmão menor. Seu sonho é ser médico e ele pretende prestar o vestibular para Medicina assim que terminar o Ensino Médio".

1. Defina algumas metas para Beto, de acordo com o sonho dele.
2. Com base nas metas definidas para Beto, faça um planejamento para que ele consiga alcançá-las.
3. Houve alguma dificuldade em pensar nesse planejamento com tanto tempo de antecedência, uma vez que Beto está com 13 anos e provavelmente vai entrar na faculdade daqui a quatro ou cinco anos? Comente quais foram essas dificuldades.
4. Um planejamento pode ser dividido em planejamentos menores, mais detalhados. Como isso se aplicaria ao caso de Beto?
5. Qual é a idade projetada para que Beto esteja atendendo no próprio consultório?
6. Na sua opinião, Beto é um empreendedor? Por quê?

Um empreendedor de destaque

Steve Jobs nasceu em 1955 em São Francisco, estado da Califórnia (EUA). Cresceu na região conhecida atualmente como Vale do Silício, famosa por abrigar grandes empresas de alta tecnologia. Ainda adolescente, conheceu Steve Wozniak, especialista em programação e circuitos integrados, que se tornaria seu grande parceiro profissional.

Aos 19 anos, conseguiu seu primeiro emprego, como *designer* de *video games* na Atari. Dois anos mais tarde, teve a ideia de comercializar uma invenção de Wozniak – o Apple-1, o primeiro computador pessoal, que produziram na garagem da família dos pais de Steve Jobs.

Steve Jobs (1955-2011) sempre valorizou o *design* dos produtos que criou.

Casa dos pais de Steve Jobs, onde foi produzido o Apple-1.

Os anos vieram, e com eles, as evoluções do projeto. Em 1984, surgiu o Macintosh, o primeiro computador pessoal a utilizar com sucesso a interface gráfica.

Perfeccionista, Jobs sempre teve um temperamento muito explosivo. Ele não concordava com a política de vendas proposta pelo grupo de acionistas da Apple. Ainda em 1984, é então afastado da direção de sua própria empresa. Decidiu criar a NEXT, especializada em *softwares*. O curioso é que, dez anos mais tarde, a empresa seria anexada justamente pela Apple, levando Jobs de volta à empresa que ajudara a fundar.

Dois anos mais tarde, o visionário Jobs adquire uma empresa de computação gráfica chamada Pixar Animation Studios, que, em parceria com a Disney, produziu animações de grande sucesso, como *Toy Story* e *Procurando Nemo*.

Em 1997, Jobs continuou revolucionando o mercado de eletrônicos com o lançamento do iPod (2001), iPhone e iPad (2007), iCloud (2011).

Faleceu de câncer aos 56 anos. Sua vida foi o retrato fiel de um grande empreendedor, que lutou incessantemente pelos seus sonhos, transformando as oportunidades em inovação.

O Vale do Silício

Ao sul da Baía de São Francisco, costa oeste dos Estados Unidos, se encontram as maiores empresas de tecnologia avançada, como a Apple, o Facebook e o Google.

Esse polo industrial começou a se formar na década de 1950. Recebeu esse nome pelo fato de o silício – elemento químico muito abundante na região – ser o componente básico de algumas peças da eletrônica, como o transístor de computador.

Uma pessoa que é ou pretende ser empreendedora deve buscar desenvolver suas competências ou aprimorá-las. Um bom caminho para isso é procurar formação em cursos regulares ou de especialização, ler textos e livros complementares com temas relacionados à área em que quer atuar e entrar em contato com pessoas que possam agregar à sua vida conteúdo e conhecimento.

Proatividade e empreendedorismo

Você sabia que a palavra **proatividade** é muito aplicada no empreendedorismo?

Ter proatividade ou ser proativo significa antecipar-se aos acontecimentos e agir antes que se transformem em um problema. Nesse caso, o planejamento é fundamental, uma vez que uma pessoa proativa, durante a execução do plano, pode perceber a existência de problemas, chamar a responsabilidade para si e propor ações corretivas.

1. Releia o quadro dos 10 atributos do empreendedor na página 68 deste livro. Depois, reproduza em seu caderno o quadro a seguir, e complete-o, indicando o nível de cada característica empreendedora que você acha que possui.

	Forte	Médio	Fraco
1. Busca oportunidades e iniciativa			
2. Busca informações			
3. Estabelece metas			
4. Planeja e faz acompanhamento			
5. É persistente			
6. É comprometido			
7. Corre riscos calculados			
8. Busca qualidade e eficiência			
9. É persuasivo			
10. Tem autonomia e autoconfiança			

2. Chegou a hora de você pesquisar a vida de um empreendedor que admira. Pode ser um profissional famoso, um empreendedor social que tenha criado uma fundação ou uma Organização não Governamental, um vizinho com atuação em seu bairro, um professor que desenvolva trabalhos na comunidade ou um parente empresário. Enfim, a vida ao nosso redor está repleta de ações desenvolvidas por empreendedores de todos os tipos.

Pergunte:

- Nome, ramo de atuação, como teve a ideia de empreender, em que fase da vida isso ocorreu, quais os maiores facilitadores e dificultadores, quais as perspectivas futuras. Depois, faça uma síntese das respostas e apresente para a turma.

APROFUNDANDO!

Empreendedorismo social: propósitos em equilíbrio com os negócios

O empreendedorismo social é caracterizado pela criação de produtos e serviços que têm o foco principal na resolução, ou minimização, de problemas em áreas como educação, violência, saúde, alimentação, meio ambiente etc. Mais do que obter o simples lucro, **o objetivo destas empresas é gerar transformação nas comunidades em que estão inseridas**. O faturamento obtido é investido em ações que possam aumentar o impacto e promover o bem-estar do público.

[...] o termo "empreendedorismo social" foi utilizado pela primeira vez em 1972 nos Estados Unidos. No Brasil, o conceito tem se popularizado nos últimos anos, mas muitas empresas sociais ao longo da história executaram ações visando atender problemas pontuais com campanhas ou arrecadação de recursos.

Empreendedores sociais: fazendo a roda girar.

Qual é a diferença entre empreendedorismo social e clássico?

A diferença é que **enquanto o empreendedor clássico realiza apenas ações sazonais ou em datas comemorativas**, como Natal e Dia das Crianças, **o empreendedor social desenvolve um negócio que possa servir constantemente determinada causa**. Um exemplo são as campanhas de inverno realizadas todos os anos por empresas que doam roupas aos moradores que estão em situação de rua. Apesar de minimizar o frio, esse tipo de ação não transforma a situação, pois mais questões associadas como o desemprego, continuam a existir.

Já no empreendedorismo social, por exemplo, um profissional poderia criar uma loja de roupas que só fizesse a contratação de moradores em situação de rua, ensinando a costurar e doando parte da produção aos funcionários. **O lucro obtido com a venda das peças seria utilizado para o pagamento de despesas e salário dos empregados**. O negócio ainda poderia oferecer diferentes benefícios aos trabalhadores, como cursos e grupos de apoio.

Uma distinção entre empresas tradicionais e os negócios sociais é que enquanto muitas organizações adotam práticas internas para redução do impacto ambiental, os empreendedores sociais vão desenvolver produtos e serviços específicos para resolver problemas ambientais. **Por exemplo: lojas de reciclagem, moda sustentável e indústrias limpas.**

BUENO, Jefferson Reis. Empreendedorismo social: propósitos em equilíbrio com os negócios. *Sebrae*, Santa Catarina, 27 nov. 2017. Disponível em: https://blog.sebrae-sc.com.br/empreendedorismo-social/#:~:text=Qual%20a%20diferen%C3%A7a%20entre%20empreendedorismo,possa%20servir%20constantemente%20determinada%20causa. Acesso em: 28 maio 2020.

PENSE NISSO!

[...]

Mas o que leva uma pessoa a abrir mão do lucro total para investir em soluções para problemas sociais? Propósito. Tais empreendedores encontram no trabalho uma missão que ultrapassa a busca pelo sucesso financeiro e se reflete em benefício do próximo. Essa missão pode ser criar casas com materiais recicláveis para comunidades carentes, ou um salão de beleza que realize cortes gratuitos para crianças de abrigos e orfanatos.

Não há como alguém definir a missão de outra pessoa, mas cada um pode detectar aquilo que mais o incomoda e buscar desenvolver soluções por meio de atividades comerciais.

[...]

BUENO, Jefferson Reis. Empreendedorismo social: propósitos em equilíbrio com os negócios. *Sebrae*, Santa Catarina, 27 nov. 2017. Disponível em: https://blog.sebrae-sc.com.br/empreendedorismo-social/#:~:text=Qual%20a%20diferen%C3%A7a%20entre%20empreendedorismo,possa%20servir%20constantemente%20determinada%20causa. Acesso em: 28 maio 2020.

APLIQUE SEU CONHECIMENTO!

Reúna-se novamente com os colegas e apliquem um pouco do que vocês aprenderam sobre empreendedorismo na vida de personagens que vocês vão criar. Siga o passo a passo.

1. Crie um ou mais personagens definindo idade, sexo, formação acadêmica e experiência profissional. Defina para esse(s) personagem(ns) quatro características empreendedoras fortes, três médias e três fracas.

2. Monte uma história pessoal para o(s) personagem(ns), inserindo nesse contexto um "sonho" ligado ao comércio associado às características definidas no item 1. (Exemplos: um senhor aposentado tem o sonho de montar uma loja de roupas; um jovem casal tem o sonho de montar uma livraria; duas irmãs adolescentes têm o sonho de montar uma sorveteria.)

3. Estabeleça as metas que o(s) personagem(ns) terá(ão) de alcançar, levando em consideração o sonho e e suas características empreendedoras.

4. Elabore um quadro especificando as metas em ordem cronológica e as ações necessárias para alcançá-las.

5. Faça um planejamento de todas as etapas, estipulando previsão de datas e possíveis gastos.

6. Ao final, continue a história fictícia, contando como foi a execução do projeto. Aproveite para introduzir alguns obstáculos no decorrer da execução, para possibilitar revisão e correção de rumos no planejamento realizado.

SAIBA MAIS!

SITE:

- **Empreendedorismo social: propósitos em equilíbrio com os negócios**
  SEBRAE. Disponível em: https://blog.sebrae-sc.com.br/empreendedorismo-social/. Acesso em: 20 maio 2020.

  Neste *link* você terá acesso a mais detalhes sobre o empreendedorismo social, como seu foco de atuação, o uso de novas tecnologias e sua função de buscar e propor soluções para problemas sociais e novos modelos de negócio.

VÍDEO:

- **JOBS**
  Direção: Joshua Michael Stern. EUA: Open Road Films, 2013. 129 min.

  Bela cinebiografia de Steve Jobs, criador da Apple, um dos maiores grupos de tecnologia do mundo.

CAPÍTULO 11
MERCADO E INFLAÇÃO

O QUE VAMOS DISCUTIR?

- OFERTA × DEMANDA
- EQUILÍBRIO DE MERCADO
- INFLAÇÃO
- CAUSAS DA INFLAÇÃO

Durante a passagem dos furacões Harvey e Irma pela América do Norte, em 2017, várias cidades ficaram sem abastecimento de alguns itens básicos. Com isso, o preço da água chegou a triplicar em algumas metrópoles.

Um aplicativo de transporte, no dia 5/12/2014, em que um sequestro colocou os habitantes de Sydney, na Austrália, em risco, aumentou em mais de quatro vezes o valor de suas tarifas para quem desejasse sair da área de conflito.

Por conta de situações como essas, muitos países, incluindo o Brasil, possuem leis contra o abuso de preço, impedindo ou punindo empresas que aumentem demais seus preços para se beneficiarem de situações trágicas, o que poderia prejudicar a população ou mesmo impedir as pessoas de se salvarem.

Imagem de satélite do furacão Irma sobre o mar do Caribe, em 2017.

lavizzara/Shutterstock.com

1. Em grupos de quatro ou cinco alunos, respondam às questões a seguir, sobre a cobrança abusiva pela venda de produtos ou pela prestação de serviços.

   a) Nos casos comentados no texto, o que aconteceu com a quantidade de pessoas em busca dos produtos e serviços mencionados?

   b) Por que os vendedores aumentam seus preços em uma situação como essa e não o fazem em dias normais?

   c) Imagine que, em determinado ano, os produtores de pêssego em um país tenham obtido produções recordes, aumentando, e muito, a oferta da fruta nos mercados e feiras. Isso pode afetar os preços? De que forma?

Oferta × demanda

A questão da oferta × demanda é muito importante nas relações de mercado. Para ajudar você a compreendê-la, vamos trabalhar o estudo de caso a seguir.

ESTUDO DE CASO 1

Imagine que, em uma pequena cidade, existam alguns produtores de sorvete com produção mensal total de 1 000 litros, com o preço por litro em torno de R$ 10,00. Um dos produtores, no entanto, comprou novos equipamentos e, com isso, sua produção aumentou muito. Outros produtores, não querendo perder espaço, fizeram o mesmo e, como resultado, também ampliaram sua produção. Com esse aumento na produtividade, a **oferta** de sorvetes cresceu muito na cidade, chegando a dobrar. Isso, contudo, trouxe um problema para os comerciantes: como convencer a população a consumir o dobro da quantidade de sorvete que costumava consumir?

Equipamentos modernos podem resultar no aumento da produção.

125

1. Reflita sobre o problema apresentado com relação à situação dos produtores e vendedores de sorvete na pequena cidade mencionada. Depois, compartilhe sua resposta com um colega.

2. Que solução você daria para os produtores e vendedores de sorvete no que se refere ao problema de excesso de produto no mercado?

Oferta

De forma geral, quando a oferta de um produto cresce, como aconteceu com os sorvetes, a tendência é de que o preço seja reduzido. Isso ocorre, principalmente, em razão de os comerciantes estarem competindo pelos consumidores e buscando oferecer uma vantagem no seu produto em relação aos dos demais, para garantir que a produção extra também seja vendida.

Balcão de uma sorveteria com a oferta de variados tipos de sorvete.

Vamos pensar mais um pouco sobre esse problema com base na ótica de um produtor.

ESTUDO DE CASO 2

Amanda produz sorvetes nessa cidade e, com a queda dos preços, percebeu que o valor obtido com a venda não é mais adequado para os lucros que esperava obter. Por conta disso, ela resolve abandonar a produção desse item e focar seus esforços em outros produtos. Outros produtores podem decidir fazer o mesmo que Amanda. Isso nos faz chegar à nossa primeira conclusão:

Quanto menor o preço de venda, menor a quantidade de pessoas dispostas a ofertar um produto e, consequentemente, menor a produção.

De forma análoga, caso o preço do sorvete suba muito, Amanda e outros produtores podem se interessar pela fabricação desse item, o que aumentaria a quantidade ofertada. Com isso, temos a segunda conclusão.

Quanto maior o preço de venda, maior a quantidade de pessoas dispostas a ofertar um produto e, consequentemente, maior a produção.

1. Leia novamente as duas conclusões acima e, com base nelas, trace no caderno o esboço de um gráfico representativo da oferta de um produto em função do preço. Veja o modelo a seguir e o que está representado no eixo vertical e no eixo horizontal.

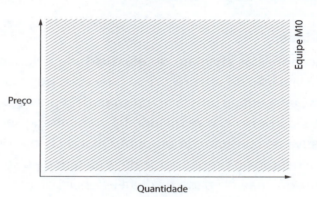

Demanda

Agora vamos refletir um pouco sobre o outro lado do comércio, do ponto de vista do consumidor. Para isso, nada melhor do que pensar em como nós reagiríamos a mudanças no preço de um produto.

No caso do sorvete, por exemplo, toda pessoa consome certa quantidade, uns mais, outros menos. Se o preço do sorvete despencasse, digamos, de R$ 10,00 para apenas R$ 2,00 o litro, qual seria a reação delas? Por mais que alguém goste de sorvete, essa pessoa continuaria a consumir a quantidade habitual mesmo que o preço desse mesmo sorvete saltasse para R$ 60,00 o litro?

A quantidade que os consumidores desejam consumir de um produto é chamada de **demanda**. O que nos leva a uma nova conclusão:

Quanto maior o preço de um produto, menor a quantidade de pessoas dispostas a consumi-lo e vice-versa.

1. Observe atentamente os eixos abaixo e trace no caderno um esboço do que seria um gráfico representativo da demanda de um produto. Leia novamente a conclusão em destaque para poder traçá-lo.

Oferta e demanda

(eixo vertical: Preço; eixo horizontal: Quantidade)

Equipe M10

APROFUNDANDO!

Elasticidade

Os economistas chamam de **elasticidade** a variação da demanda de um bem em relação à variação de seu preço. Isso quer dizer que, por exemplo, para um produto como o sorvete, uma queda brusca no preço pode representar um aumento significativo no seu consumo; o inverso ocorre quando há aumento no seu preço, isto é, tem-se uma queda significativa no consumo do produto. Quando isso acontece, dizemos que o bem é **elástico** com relação ao preço. Isso se deve ao fato de o sorvete ser considerado um produto supérfluo, que não faz parte da dieta essencial de uma pessoa. Assim, por pior que possa ser para aqueles que o apreciam, é possível deixar de consumi-lo, caso esteja muito caro.

Agora, reflita: podemos afirmar que o mesmo é válido para qualquer produto? Itens essenciais, como arroz e feijão, são considerados **inelásticos**, ou seja, se o preço deles aumentar, por pior que possa ser para o bolso do brasileiro, não vai representar uma queda tão grande assim em seu consumo, uma vez que dificilmente conseguiríamos substituí-los por muito tempo. Da mesma forma, uma queda no preço tampouco representa aumentos significativos no consumo; afinal, caso o preço do arroz caia para a metade, por exemplo, isso não quer dizer que vamos começar a comer o dobro de arroz, certo?

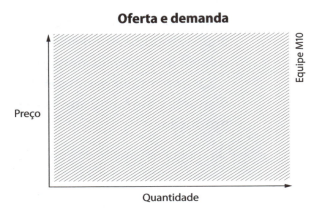

Arroz e feijão são itens essenciais no dia a dia do brasileiro.

Vanessa Volk/Shutterstock.com

Equilíbrio de mercado

Observe o gráfico a seguir, que une as curvas de oferta e de demanda. Vale destacar que essas duas dinâmicas ocorrem ao mesmo tempo.

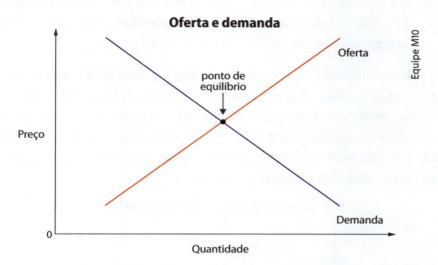

O ponto de intersecção entre as curvas é considerado o **ponto de equilíbrio** de mercado. Para entendê-lo melhor, vamos recorrer novamente a um exemplo. Dessa vez, vamos pensar sobre o mercado de lápis de cor.

Para começar, vamos imaginar a situação representada no gráfico:

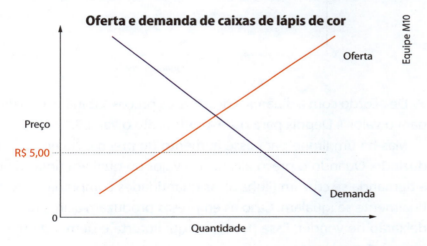

1. Considere que o preço equivalente ao ponto de equilíbrio da caixa de lápis de cor dessa situação do gráfico apresentado seja de R$ 10,00. Então, a quantidade demandada é maior ou menor que a quantidade ofertada?

Observe que, como o preço está baixo, poucas empresas estão dispostas a produzir caixas de lápis de cor. Mas, pelo mesmo motivo, muitas pessoas estão dispostas a comprá-los.

2. Em sua opinião, o que vai acontecer com as pessoas que desejam comprar lápis de cor no preço indicado? Elas vão conseguir comprá-los? E quanto aos produtores, como serão as vendas?

3. Na situação em questão, caso você fosse um produtor de lápis de cor, que estratégia adotaria para aumentar seus lucros? Essa estratégia pode ser considerada segura? Por quê?

Nessa situação, como faltam produtos, não há dúvida de que as empresas acabariam por aumentar seus preços. Do outro lado, muitos consumidores de fato estariam dispostos a pagar mais para garantir a aquisição de suas caixas de lápis de cor. Com essa dinâmica de aumento de preços, mais empresas poderiam se interessar em produzi-los, gerando, assim, um ciclo de aumento de oferta.

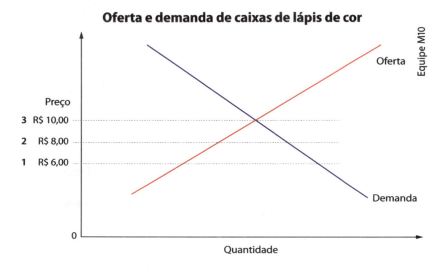

De acordo com a dinâmica descrita, os preços subiriam, inicialmente, para o valor 1. Depois para o 2 e, por fim, até o valor 3.

Mas há um limite para esse aumento de preço e de empresas produzindo. Quando o preço alcançar o valor no qual as curvas de oferta e demanda se cruzam (linha 3), as quantidades comprada e produzida finalmente se igualam. Caso as empresas produzam acima desse valor, deixarão de vender. Esse ponto, no qual oferta e demanda se encontram, é denominado **equilíbrio de mercado**.

DICIONÁRIO FINANCEIRO

Equilíbrio de mercado: ponto no qual as curvas de oferta e demanda se encontram. A quantidade oferecida de um produto é igual à quantidade procurada desse produto

4. Imagine, agora, uma situação oposta à anterior: o preço dos lápis de cor está em um patamar no qual poucas pessoas estão dispostas a comprá-los, mas muitas estão dispostas a produzi-los.

Em sua opinião, o que vai acontecer com quem deseja comprar lápis de cor? Essas pessoas serão bem-sucedidas? E quanto aos produtores, como serão suas vendas?

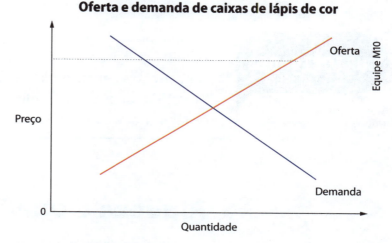

5. Com relação à situação descrita na questão anterior, que estratégia você adotaria para aumentar seus lucros, se fosse um produtor de lápis de cor?

6. Descreva uma possível dinâmica capaz de levar o preço novamente ao ponto de equilíbrio de mercado. Para isso, reúna-se com um colega para discutir possibilidades.

7. Os discos de vinil foram um sucesso absoluto a partir da década de 1950. Em meados da década de 1980, porém, essa forma de ouvir música perdeu bastante espaço no mercado.

Discos de vinil: uma volta triunfal.

a) Faça uma rápida pesquisa e descubra por que os discos de vinil perderam mercado.

b) É possível explicar a queda nos preços dos discos de vinil como resultado de uma mudança na curva de oferta ou de demanda? Justifique.

c) Nos últimos anos, contudo, os discos de vinil estão cada vez mais caros, mas a procura por eles aumentou, a despeito do preço mais alto. O que pode explicar essa situação?

131

CURIOSIDADES

Uma prática criminosa levada a cabo por algumas empresas é a do **cartel**. Esse termo designa os acordos secretos firmados por empresas concorrentes para combinarem, entre outras ações, a manutenção dos preços elevados dos produtos que comercializam, com a finalidade de evitar acirrar a competitividade entre elas.

Riqueza e qualidade de vida

Dentro desse cenário de oferta e demanda, qual é o papel do Estado? Se os mercados conseguem se autorregular, que função caberia a ele? Em primeiro lugar, todo o mecanismo descrito de oferta e demanda só funciona em mercados perfeitamente competitivos. Isso quer dizer que, em qualquer cenário no qual atuem grandes empresas, estas podem influenciar essa dinâmica, corrompendo-a. Uma das funções do Estado, portanto, é prover um ambiente adequado justamente para garantir que haja competitividade entre as empresas.

Outra função essencial que o Estado deve desempenhar é fornecer garantias de que serviços e produtos alcancem consumidores que talvez não interessem às empresas privadas. Imagine, por exemplo, uma linha de ônibus que conecta a capital de um estado a um pequeno município do interior sem grande interesse econômico. É possível que, de acordo com as dinâmicas de mercado, não seja interessante para nenhuma empresa de ônibus realizar esse trajeto, o que prejudicaria os habitantes do município. Cabe ao Estado garantir o oferecimento do serviço, seja por meio de empresas públicas, seja por meio de incentivos ou até mesmo impondo a existência da linha.

Alguns serviços essenciais, como saúde, educação, segurança, moradia e saneamento, também devem ser garantidos pelo Estado, especialmente em regiões em que a população não tem condições de pagar por serviços privados.

O Estado deve garantir educação à população.

O Estado é igualmente responsável pela criação de políticas capazes de gerar empregos e de melhorar a distribuição de renda, bem como pela garantia dos direitos e da liberdade de todos os indivíduos, independentemente de credo, etnia, gênero e condição social.

Resumidamente, podemos afirmar que o papel do Estado é criar um palco para que as pessoas, as famílias e as empresas possam desempenhar seus papéis, promovendo, acima de tudo, a qualidade de vida.

Vista aérea da cidade de Genebra, na Suíça, país com um dos melhores serviços públicos do mundo.

PENSE NISSO!

Leia com atenção o diálogo reproduzido a seguir. Reflita, em trios, sobre os papéis que cabem ao Estado e a afirmação de Sueli, a amiga de Rogério, para quem pobres "sempre vão ser pobres".

– Rogério, a pessoa que tem pouca renda é porque não se esforça!

– Sueli, de onde você tira essa ideia?

– Pelo que observo. Os pobres moram em casas precárias porque não se importam; usam roupas sem qualidade sem nenhum problema com isso.

– A renda depende das condições da economia do país, e os governos precisam de oferecer serviços públicos para a população de menor renda, distribuindo a riqueza.

– Ah, Rogério, daí as pessoas vão esforçar-se menos ainda!

– Sueli, que tal estudarmos um pouco mais de Educação Financeira?

133

Folheto de um supermercado imaginário no início dos anos 2000.

Inflação

Trata-se do aumento generalizado dos preços de bens e serviços. Dessa forma, com a mesma quantia de dinheiro em mãos, uma pessoa consegue comprar menos do que podia comprar no passado.

Observe os preços no folheto ao lado e procure fazer uma pesquisa sobre os preços atuais dos produtos em algum mercado perto de sua casa. Parece que tudo era tão mais barato, não é verdade? Será que as pessoas, então, conseguiam comprar mais? Na verdade, o que aconteceu é que os preços sofreram o processo de **inflação**. Mas é preciso levar em conta, também, que os salários tinham valores diferentes na época.

Veremos a seguir que a inflação pode ter diversas causas e que seu cálculo pode ser bem complicado.

1. Observe atentamente o gráfico a seguir, que apresenta a inflação brasileira anual desde 2010. Depois, com o auxílio de uma calculadora, responda ao que se pede.

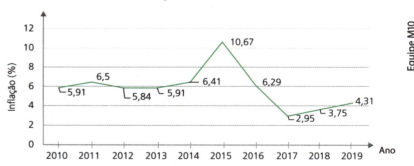

Fonte das informações: IBGE. Elaborado pelos autores.

a) Caso um produto custasse, no final de 2009, R$ 100,00, qual seria o preço dele no final de 2010?
b) E no final de 2011?
c) E no final de 2013?

APROFUNDANDO!

Por que o governo não toma a iniciativa de imprimir mais dinheiro para que todos consigam aumentar sua riqueza? Simplesmente, porque dinheiro não é riqueza, mas apenas uma representação dela. Quando se aumenta a quantidade de dinheiro em circulação, sem aumentar a quantidade de bens e serviços, o único efeito imediato é o aumento generalizado dos preços. Em uma palavra, inflação!

ESTUDO DE CASO 3

Muitos países já viveram processos de **hiperinflação**. Com esse termo se designa a inflação que atinge valores absurdamente superiores àqueles que estamos acostumados. Para você ter uma ideia, na Hungria, por exemplo, logo após o final da Segunda Guerra Mundial, a inflação chegou a atingir 200% ao dia!

1. Reúna-se com mais três colegas para fazer uma reflexão sobre os impactos que um processo de inflação muito elevada pode acarretar na vida das pessoas. Utilize as questões abaixo como roteiro. Ao final, você e os colegas podem compartilhar as conclusões a que chegaram.

   a) Pesquise o contexto da Segunda Guerra Mundial e tente associá-lo à hiperinflação que ocorreu naquele momento.

   b) Em um momento de hiperinflação, que produtos as pessoas provavelmente escolhem comprar?

   c) Pesquise as práticas que podem ser utilizadas para acabar com a hiperinflação.

Causas da inflação

Inflação de demanda

Uma das principais causas da inflação é a pressão da demanda. Isso significa que a demanda está em um patamar maior que a oferta. A consequência, como já vimos, é a tendência de os preços subirem para se chegar ao equilíbrio de mercado.

Nos casos descritos na abertura do capítulo, por exemplo, o substancial aumento pela procura de um produto ou serviço acabou por elevar seu preço.

A alta procura por determinados bens pode inflacionar seus preços.

Inflação de custo

A inflação de custo, por sua vez, tem relação com a oferta. Um aumento nos custos de produção, por exemplo, pode acarretar aumento no nível de preços de um bem ou produto.

1. Pense sobre as inflações de custo e de demanda e crie um exemplo no qual a inflação de demanda em um bem provoque a inflação de custo em outro.

2. Imagine que uma praga destruiu grande parte das plantações de soja do Brasil, um dos maiores produtores mundiais dessa leguminosa.
   a) O que acontecerá com o preço da soja?
   b) Esse fenômeno pode ser atribuído a uma inflação de demanda ou de custo? Por quê?
   c) Dê exemplo de outro produto que sofrerá inflação em decorrência da praga na soja. Que tipo de inflação é esse?

Inflação inercial

Imagine que você é um trabalhador em um país cuja inflação anual fica na faixa dos 5%. Para não perder seu poder de compra, é importante garantir que os aumentos salariais sejam, no mínimo, de 5%. Por outro lado, um produtor, para garantir que os lucros que costuma obter não percam poder de compra, isto é, para poder continuar a comprar a mesma quantidade de bens e serviços, vai aumentar os preços de seus produtos em pelo menos 5%.

Entretanto, se todas as pessoas agirem dessa forma, haverá aumentos nos salários e nos preços, ou seja: inflação. Essa é a chamada inflação **inercial**, uma vez que é causada pelas inflações anteriores.

> **Inércia**: princípio físico segundo o qual, se um corpo está se movendo em certo sentido, sua tendência é a de manter aquela trajetória.

3. De agosto de 1999 a março de 2019, a inflação acumulada no Brasil foi de aproximadamente 240%.

a) Seguindo o valor acumulado da inflação, um produto que custava R$ 200,00 em agosto de 1999 passou a valer quanto em março de 2019?

b) Isso quer dizer que todos os produtos tiveram a mesma variação de preço? Explique.

c) Em 1999, o salário mínimo era de R$ 136,00. Para manter o poder de compra, qual deveria ser o valor do salário mínimo atualmente?

d) Faça uma rápida pesquisa para descobrir o valor atual do salário mínimo. O que podemos concluir sobre o poder de compra baseado nesse valor em comparação com o salário mínimo de 1999?

Medindo a inflação

Para simplificar, vamos imaginar um país que produza apenas arroz, vendido em apenas um mercado. O único serviço prestado é o de um dentista, em apenas um consultório. No último ano, o preço do arroz subiu 8%, enquanto o preço de uma consulta cresceu 4%. Como podemos calcular a inflação que ocorreu nesse país?

Não basta tirar uma média simples entre os dois itens e chegar a 6%. Isso porque precisamos ponderar com o impacto que cada item provoca no orçamento das pessoas. Imagine a complicação, então, em países reais, com milhares e milhares de produtos diferentes, cada um comercializado em outra infinidade de mercados, escritórios e lojas.

A dificuldade de chegar a um valor preciso torna o cálculo da inflação muito complexo, o que resultou no surgimento de diferentes métodos para estimá-la. Atualmente, no Brasil, os índices mais utilizados são o

137

Índice de Preços ao Consumidor Amplo (IPCA), medido pelo Instituto Brasileiro de Geografia e Estatística (IBGE), e o IGP-M (Índice Geral de Preços do Mercado), medido pela Fundação Getulio Vargas (FGV).

APLIQUE SEU CONHECIMENTO!

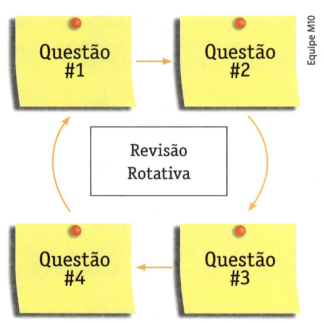

Equipe M10

Para a realização da atividade proposta nesta seção, a turma deve ser dividida em oito grupos, denominados A1, A2, A3, A4, B1, B2, B3 e B4.

O primeiro passo é dividir a sala ao meio. De um lado ficam os grupos iniciados pela letra **A** e, do outro, aqueles iniciados pela letra **B**. Será necessário colar, na lousa ou nas paredes da sala, uma cartolina para cada proposta abaixo. Nelas, devem estar escritos os enunciados com as tarefas a seguir.

Lembre-se sempre de que, ao trabalhar em grupo, é necessário respeitar a opinião dos colegas.

1. Crie uma definição geral para inflação e para as três principais causas estudadas: inflação de demanda, inflação de custo e inflação inercial.

2. Crie uma definição para a relação entre oferta e demanda (equilíbrio de mercado).

3. Crie uma definição para elasticidade em relação ao preço de um produto, apresentando novos exemplos.

4. Caso a inflação, em determinado período, tenha sido de 10% e o salário mínimo tenha aumentado em 15%, qual foi o aumento percentual do poder de compra do salário?

Agora, cada grupo deverá ter em mãos um pincel atômico de cor diferente (azul, verde, vermelho e preto, por exemplo). Cada comando será escrito em duas cartolinas diferentes, uma vez que serão feitas duas rotações independentes simultaneamente, com os grupos A e B separados e realizando as mesmas tarefas. Esse material é essencial porque as canetas de cores diferentes permitirão identificar a contribuição de cada grupo.

Na primeira rodada, cada grupo vai se dirigir a um cartaz, discutir o que é proposto nele e dar uma resposta. Na segunda rodada, o grupo A1, que estava no primeiro cartaz, se dirige ao segundo cartaz, o A2 vai para o terceiro, e assim por diante, com o grupo A4 se dirigindo ao primeiro. O mesmo processo deve ocorrer com os grupos B. A cada rodada, os grupos leem os comandos e as respostas do grupo anterior, discutem e fazem correções, acréscimos, elogios ou mesmo críticas respeitosas e construtivas à resposta dos colegas, identificada pela cor do pincel atômico. Na quinta rodada, quando os integrantes de cada grupo retornarem ao seu cartaz de origem, deverão ler os acréscimos feitos pelos colegas e discutir brevemente a respeito.

A primeira rodada deverá ter duração de 6 minutos, e as demais rodadas, 4 minutos cada.

Por fim, com a turma organizada em uma roda de conversa, pode-se fazer um fechamento da atividade, com a apresentação dos comandos e das respostas contidas em cada cartaz preenchido pelos grupos A e B, seguida de uma breve discussão sobre cada tópico.

SAIBA MAIS!

VÍDEO:

- **Carousel Brainstorming**
  Disponível em: https://www.youtube.com/watch?v=zZxaS7v1-jo. Acesso em: 28 maio 2020.

  Nesse *link*, você encontrará um vídeo curto que explica a dinâmica da Revisão Rotativa, proposta na seção *Aplique seu Conhecimento!*

SITES:

- **FGV – Fundação Getúlio Vargas**
  Disponível em: https://portal.fgv.br/. Acesso em: 3 jun. 2020.

  Aqui você encontra os valores da inflação brasileira calculados pela FGV.

- **IBGE – Instituto Brasileiro de Geografia e Estatística**
  Disponível em: https://www.ibge.gov.br/estatisticas/economicas/precos-e-custos.html. Acesso em: 28 maio 2020.

  Nesse *link* você encontra os valores da inflação brasileira calculados pelo IBGE.

CAPÍTULO 12
JURO COMPOSTO

O QUE VAMOS DISCUTIR?
- PORCENTAGEM
- FATOR DE AUMENTO E FATOR DE REDUÇÃO
- JURO COMPOSTO

Defasagem: diferença; discrepância; atraso.

Antônio, dono de uma papelaria, percebeu que os preços de seus produtos estavam **defasados**, ou seja, precisavam ser reajustados. Ao fazer um levantamento de preços no catálogo de seus fornecedores, ou seja, empresas que lhe vendiam mercadorias para que pudesse revendê-las em sua loja, verificou que deveria aumentar os preços dos itens da sua papelaria em 10%.

Num domingo, dia em que a loja permanece fechada, e contando com a ajuda de seus filhos Teca e Rodrigo, Antônio começou a calcular o aumento e a remarcar os preços em cada um dos itens.

Teca percebeu que 10% de certo valor equivale a $\frac{10}{100}$ dele. Simplificando $\frac{10}{100}$, obtemos $\frac{1}{10}$, ou seja, 10% de certo valor é igual a $\frac{1}{10}$ dele. Assim, a jovem notou rapidamente que uma caneta cujo preço inicial era de R$ 5,00 passaria a custar R$ 5,50, pois 10% de R$ 5,00 é igual a $\frac{1}{10}$ desse valor, ou seja, é igual a R$ 0,50.

Produtos de papelaria são adquiridos, sobretudo, no início do ano escolar.

1. Qual será o preço reajustado de uma agenda que custa R$ 20,00?
2. De quanto será o acréscimo em um caderno de preço R$ 12,00?
3. Para pagamentos à vista, a papelaria concede desconto de 10%. Qual será o valor a ser pago por uma agenda e um caderno, como os mencionados acima, após o reajuste?

Porcentagem

Porcentagem é a razão entre dois números em que o denominador é sempre igual a 100, o que explica o uso do termo **por cento**.

$$7\% = \frac{7}{100} = 0{,}07 \qquad 12\% = \frac{12}{100} = 0{,}12$$

$$75\% = \frac{75}{100} = 0{,}75 \qquad 142\% = \frac{142}{100} = 1{,}42$$

A porcentagem sempre se refere a algum valor total. Considere um desconto de 7% sobre uma mensalidade de R$ 500,00.

Então, 7% de $500 = \frac{7}{100} \cdot 500 = 0{,}07 \cdot 500 = 35$.

O desconto concedido será de R$ 35,00.

Também é possível usar a regra de três simples para saber o valor do desconto:

R$	%
500	100
x	7

Teremos: $100 \cdot x = 7 \cdot 500$.

Então, $x = \frac{3\,500}{100} = 35$.

CURIOSIDADES

Para quem gosta de resolver problemas com porcentagem usando a multiplicação, é preciso ressaltar que as porcentagens podem ser transformadas em decimais de maneira prática:

70% de 500 = 0,7 · 500

7% de 500 = 0,07 · 500

1. Em uma turma de 8º ano com 40 estudantes, 90% obtiveram resultado acima da média no primeiro semestre. Quantos integrantes ficaram acima da média nessa turma? Resolva da maneira que preferir.

2. O número total de inscritos para um concurso público foi de 40 mil pessoas. Todavia, no dia da prova, apenas 28 mil compareceram para realizá-la.

    a) Qual é a porcentagem do total de inscritos que foram fazer a prova no dia marcado?

    b) Qual é a porcentagem do total de inscritos que não foram fazer a prova no dia marcado?

Fator de aumento e fator de redução (descontos)

No dia a dia, presenciamos várias situações em que devemos aplicar a porcentagem, seja para verificar acréscimos, seja para verificar descontos. Consideremos o valor total anual de um curso de idiomas como 100%.

> **Fator**: um dos termos de uma multiplicação.

- Se tivermos um acréscimo de 12%, teremos de pagar 112% do valor original, pois 100% + 12% = 112%. Nesse caso, o **fator** de aumento é de 1,12.

- Se tivermos um desconto de 12%, teremos de pagar 88% do valor original, pois 100% − 12% = 88%. Nesse caso, o fator de redução é de 0,88.

Fator de aumento

O fator de aumento pode ser usado para calcular o valor final a ser pago por um produto depois de determinado acréscimo. Veja como fazer o cálculo observando o exercício resolvido a seguir.

Exercício resolvido 1

Supondo que o valor anual de um curso de idiomas fosse de R$ 2.500,00, qual seria o novo valor do curso sabendo que ele sofreu acréscimo de 12%?

Resolução tradicional

Temos que 12% de 2 500 = 0,12 · 2 500 = 300. Ou seja, o valor a ser acrescido deverá ser de R$ 300,00. Assim, o novo valor anual será de R$ 2.500,00 + R$ 300,00 = R$ 2.800,00.

Resolução com fator de aumento

Agora, aplicando o fator de aumento, podemos chegar ao valor final fazendo uma única conta. Veja:

Um aumento de 12% gera um fator de aumento igual a 1,12, pois 100% + 12% = 112%. Assim, 112% de 2 500 = 1,12 · 2 500 = 2 800. Portanto, com apenas um cálculo, chegamos ao valor a ser pago já com o acréscimo.

1. Considere que a conta de luz, no valor de R$ 90,00, está atrasada e deverá ser paga com multa de 5%.

    a) Qual é o fator de aumento nesse caso?

    b) Qual será o valor a ser pago já com a multa acrescida?

2. Um plano de saúde sofreu reajuste de 5,2%. Responda às questões a seguir, sabendo que o valor pago mensalmente por esse plano era de R$ 879,00.

    a) Qual é o fator de aumento a ser aplicado nesse caso?

    b) Qual será o valor final já reajustado desse plano de saúde?

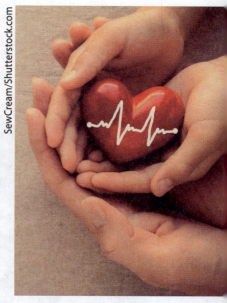

Nossa saúde necessita de cuidado constante!

Fator de redução

O fator de redução pode ser usado para calcular o valor final a ser pago depois de determinado desconto. Veja como proceder observando o exercício resolvido a seguir.

Exercício resolvido 2

Vamos supor que o valor mensal de uma faculdade seja de R$ 1.250,00 e quem paga à vista recebe um desconto de 3%. Qual é o valor a ser pago com o desconto?

Resolução tradicional

Temos que 3% de 1250 = 0,03 · 1250 = 37,50. Ou seja, deve ser subtraído da mensalidade o valor de R$ 37,50. Assim, o novo valor mensal será o resultado de R$ 1.250,00 − R$ 37,50. Portanto, R$ 1.212,50.

Resolução com fator de redução

Agora, aplicando o fator de redução, é possível chegar ao valor final fazendo uma única conta. Veja:

Um desconto de 3% gera um fator de redução igual a 0,97, pois 100% − 3% = 97%. Assim, 97% de 1250,00 = 0,97 · 1250 = R$ 1.212,50.

143

3. Alguns estados concedem desconto para o pagamento à vista do Imposto sobre Propriedade de Veículos Automotores (IPVA). Considerando um desconto de 4% sobre um valor de IPVA de R$ 1.347,80, responda:

a) Qual é o fator de redução a ser aplicado nessa situação?

b) Qual será o valor a ser pago por esse imposto já com o desconto calculado?

Banca de legumes em um estabelecimento comercial.

4. Muitos estabelecimentos comerciais concedem desconto para pagamentos em dinheiro, pois, desse modo, não é necessário pagar as taxas relativas ao uso do cartão. Sabendo que Helena, que tem um pequeno comércio, ofereceu um desconto de 7% nas compras em dinheiro, responda:

a) Qual é o fator de redução para o cálculo desse desconto?

b) Qual é o valor final com desconto a ser pago em dinheiro por uma compra de R$ 500,00 no estabelecimento de Helena?

PENSE NISSO!

Não há uma maneira única de resolver problemas envolvendo porcentagens. É muito importante que você escolha o método que o deixar mais seguro na resolução: frações, decimais, regra de três ou fatores de redução ou de aumento.

Acréscimos e descontos sucessivos

Para você entender melhor o que são acréscimos e descontos sucessivos, veja os exercícios resolvidos apresentados a seguir.

Acréscimos sucessivos

Exercício resolvido 3

A mensalidade de certa faculdade particular é de R$ 1.340,00. Para o ano que se inicia, o reajuste será de 12% e, caso a mensalidade seja paga em atraso, há uma multa de 3%.

Resolução

Caso a primeira mensalidade do ano seja paga em atraso, haverá dois acréscimos sucessivos, que devem ser calculados como se mostra a seguir.

O reajuste de 12% gera um fator de aumento de 1,12, ao passo que a multa de 3% pelo atraso gera um fator de aumento de 1,03. Como são aumentos sucessivos, temos de multiplicá-los em sequência pelo valor da mensalidade. Então:

$1,12 \cdot 1,03 \cdot 1340 = 1545,82$

Assim, o valor reajustado pago em atraso será de R$ 1.545,82.

Atenção! Não podemos adicionar os acréscimos porque um aumento de 12% seguido de um aumento de 3% **não** é igual a um aumento de 15%.

Descontos sucessivos

Exercício resolvido 4

Alguns municípios concedem descontos para o pagamento do Imposto Predial e Territorial Urbano (IPTU) quando realizado à vista. Também há descontos, em alguns municípios, quando o proprietário comprova ter renda baixa.

Resolução

Considere que o município X concede um desconto de 8% para pagamentos de IPTU à vista e mais um desconto de 40% para famílias que comprovem baixa renda. Supondo que a família Rodrigues deva pagar um IPTU no valor anual de R$ 980,00 e que ela se beneficie dos dois descontos acima citados, temos que o desconto de 8% gera um fator de redução de 0,92, e o desconto concedido em razão da baixa renda gera um fator de redução igual a 0,60.

Como são descontos sucessivos, é preciso multiplicá-los em sequência pelo valor anual do IPTU. Então:

$0,92 \cdot 0,60 \cdot 980 = 540,96$

Assim, o valor a ser pago pela família Rodrigues, que é beneficiada pelos dois descontos, será de R$ 540,96.

Atenção! Não podemos adicionar os descontos porque um desconto de 8% seguido de um desconto de 40% **não** é igual a um desconto de 48%.

Portanto, um desconto de 8% seguido de um desconto de 40% é igual a um desconto de 44,8%, visto que $0,92 \cdot 0,60 = 0,552$, que é um fator de redução de 44,8% ($1 - 0,552 = 0,448$).

Juro composto

O **juro composto** também é conhecido como "juro sobre juro", uma vez que se trata de um tipo de reajuste baseado em acréscimos sucessivos.

São muitos os exemplos de juro composto que podem ser encontrados no dia a dia, como o juro pago pelo uso do cartão de crédito, o juro pago por aplicações financeiras e pelo financiamento de automóveis ou de imóveis.

Vamos considerar que Marcos tem uma aplicação de R$ 10.000,00 a juro composto de 1% ao mês. Observe o que ocorre nos três primeiros meses de aplicação:

1º mês: 1,01 · R$ 10.000,00 = R$ 10.100,00
2º mês: 1,01 · R$ 10.100,00 = R$ 10.201,00
3º mês: 1,01 · R$ 10.201,00 = R$ 10.303,01

O que se pode perceber ao analisar esses números é que um regime de juro composto é equivalente à aplicação de aumentos sucessivos.

Assim, podemos escrever:
1,01 · 1,01 · 1,01 · 10 000 = 10 303,01
Ou seja: $(1 + 0,01)^3 \cdot 10\,000$.
Algebricamente, temos que: **M = C · (1 + i)^t**.

DICIONÁRIO FINANCEIRO

M = montante: valor final já acrescido dos juros compostos.

C = capital inicial: valor aplicado inicialmente.

i = taxa de juro; neste caso, taxa de juro composto ao dia (a.d.), ao mês (a.m.) ou ao ano (a.a.).

t = tempo; neste caso, tempo em dias, meses ou anos de rendimento do capital aplicado.

Aplicando a fórmula, temos que:
M = 10 000 · (1 + 0,01)³
M = 10 000 · 1,01³
M = 10 000 · 1,030301
M = 10 301,01

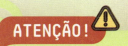

ATENÇÃO!

Quando a taxa *i* for anual, devemos utilizar o tempo *t* em anos; quando a taxa *i* for mensal, utiliza-se o tempo *t* em meses; e, quando a taxa *i* for diária, o tempo *t* é utilizado em dias.

Para resolver os exercícios a seguir, reúna-se com quatro colegas e faça uso de uma calculadora científica.

1. Qual será o montante a ser pago por um empréstimo de R$ 20.000,00 com juro composto, após cinco anos, a uma taxa de 0,5% a.m.?

APROFUNDANDO!

Qual a relação entre os juros compostos e o número e?

Jacob Berboulli (também conhecido como Jacques Bernoulli) [...] nasceu em 1654, na Suíça. [...] Uma das obras importantes de Jacob foi a descoberta de *e*. Este foi um achado acidental, pois ele estava interessado em descobrir para o que convergiam diferentes séries de números. Examinava a ideia de juros compostos sobre dinheiro. Mesmo no século XVII, era bem conhecida a noção de juros sobre empréstimos – esse foi um importante uso para a Matemática em tempos remotos. Jacob queria saber como os juros sobre o dinheiro podiam ser calculados. Sabia que, se os juros fossem adicionados à soma com maior frequência (digamos, mensalmente, e não anualmente), a soma cresceria mais depressa. Mas o que aconteceria se fossem calculados a cada semana? Ou a cada dia? Ou a cada segundo? Logo descobriu que, se você depositasse 1 libra a uma taxa de percentagem anual de 100%:

- se capitalizada anualmente, torna-se 2,00 libras [...]
- se capitalizada diariamente, torna-se 2,71 libras [...]
- se capitalizada continuamente, torna-se 2,718 libras [...]

Podemos compreender mais sobre *e* (como ele finalmente se tornou conhecido por causa de um matemático chamado Euler, muitos anos mais tarde) examinando a maneira como Jacob investigou o problema dos juros compostos.

[...]

BENTLEY, Peter J. *O livro dos números*: uma história ilustrada da Matemática. Tradução: Maria L. X. de A. Borges. Rio de Janeiro: Zahar, 2009.

2. Alice aplicou um capital de R$ 50.000,00 em um investimento financeiro que lhe renderia 0,9% ao mês a juro composto. Copie o quadro a seguir no caderno e complete-o para auxiliar Alice a verificar seus ganhos nos 5 primeiros meses de aplicação.

Tempo	$M = C(1 + i)^t$	Cálculos	Montante (R$)
1	$M = 50\,000 \cdot (1 + 0,009)^1$	$50\,000 \cdot 1,009^1$	R$ 50.450,00
2			
3			
4			
5			

Observando a diferença entre os montantes calculados mês a mês, o que podemos concluir sobre os juros obtidos mensalmente?

3. Um financiamento imobiliário no valor de R$ 500.000,00 foi feito com taxas de 5% a.a. Calcule o valor final a ser pago por esse financiamento, que se estenderá por 20 anos.

ESTUDO DE CASO 1

Para entender melhor o que é juro composto, vamos apresentar uma situação envolvendo pagamento de IPTU. Vale destacar que os valores arrecadados com esse imposto são aplicados integralmente no município, em melhorias para os cidadãos que nele vivem.

Rodrigo e Marina moram em um apartamento de 92 m² com seus dois filhos, Júlia e Pedro, em um bairro de classe média da cidade de São Paulo.

No início do ano, eles receberam um carnê com propostas para o pagamento do IPTU, imposto municipal cujo valor é calculado de acordo com a avaliação do imóvel e por critérios definidos pelo próprio município.

No carnê, o valor total do IPTU era de R$ 928,80, e é possível escolher a forma como ele será pago entre estas duas opções:

- parcelado ao longo do ano em 10 vezes iguais e sem juros, com vencimento todo dia 22 de cada mês, iniciando em fevereiro e terminando em novembro;

- à vista, com 3% de desconto, a ser pago em cota única no dia 22 de fevereiro.

Rodrigo e Marina vêm investindo na Caderneta de Poupança e, por conta disso, têm o suficiente para pagar o IPTU à vista. Todavia, gostariam de fazer cálculos para terem certeza de qual é, de fato, a melhor opção de pagamento. O rendimento estimado da Poupança para o ano é de 0,2871% ao mês, o que equivale a um acumulado de 3,5% ao ano. Já a inflação prevista é de 3,42% ao ano, o que corresponde a uma média de 0,28% ao mês.

No lugar de Rodrigo e Marina, o que você faria?

148

APLIQUE SEU CONHECIMENTO!

Reúna-se com seu grupo para responder às questões apresentadas a seguir sobre o IPTU a ser pago por Rodrigo e Marina.

1. Qual é o valor do desconto para o pagamento do carnê de IPTU à vista, em cota única paga em 22 de fevereiro? Qual é o valor a ser pago nessa data?

2. Quais são os juros reais obtidos mensalmente, dadas as taxas de rendimento mensal da Poupança e de inflação média mensal projetada?
Obs.: juros reais = rendimento – inflação.

3. Copie o quadro a seguir no caderno e preencha-o, diminuindo mês a mês a mensalidade do IPTU a ser paga (R$ 92,88) e insira a correção da Caderneta de Poupança sobre o restante.

Datas	22/02	22/03	22/04	22/05	22/06	22/07	22/08	22/09	22/10	22/11	22/12
Valores (R$)	808,05										

4. Cite uma vantagem e uma desvantagem relativas a cada forma de pagamento.

5. Feitos todos os cálculos, qual é a opinião do grupo sobre a melhor forma de pagamento do IPTU do apartamento de Rodrigo e Marina? Afinal, qual das opções apresenta mais vantagem?

SAIBA MAIS!

@ **SITE:**

- **Os desafios da escola pública paranaense na perspectiva do professor PDE**
PARANÁ. Cadernos PDE, vol. II, 2013.
Disponível em: http://www.diaadiaeducacao.pr.gov.br/portals/cadernospde/pdebusca/producoes_pde/2013/2013_unioeste_mat_pdp_rosani_maria_ely_weissheimer.pdf. Acesso em: 10 jun. 2020.

Neste *link* você encontrará um pouco mais de teoria e exercícios sobre matemática financeira básica, como porcentagem, juro simples e composto.

LIVRO:

- **Matemática financeira**
MEDEIROS JUNIOR, Roberto José. Instituto Federal: Curitiba, 2012.
Disponível em: http://redeetec.mec.gov.br/images/stories/pdf/proeja/matematica_fin.pdf. Acesso em: 10 jun. 2020.

Neste livro você poderá aprofundar seus conhecimentos sobre matemática financeira em assuntos como taxas, descontos e como usar a calculadora científica.

UNIDADE

4 | POUPAR E INVESTIR

Sergey Nivens/Shutterstock.com

Para continuar seu aprendizado sobre Educação Financeira, neste livro, a presente unidade abordará temas como reserva financeira (conhecida, na linguagem popular, como "pé de meia"); bens de valor alto, difíceis de serem vendidos e de pouca utilidade (os chamados "elefantes brancos"); Produto Interno Bruto (PIB) e câmbio; e, por fim, alguns tipos de investimento.

Para se preparar para esses temas, reflita sobre as seguintes questões:

1. Uma reserva financeira, ou "pé de meia", pode ser útil em quais situações do cotidiano familiar?

2. Conhece o significado da expressão "elefante branco"? O que é? Sua família possui algum item que pode ser considerado um "elefante branco"?

3. Você já ouviu alguém falar em PIB? E em câmbio, em se tratando do universo da Economia?

4. Quais investimentos financeiros você conhece ou de quais já ouviu falar? Você percebe que há diferenças entre eles? Quais seriam?

CAPÍTULO 13
RESERVA FINANCEIRA

O QUE VAMOS DISCUTIR?

- ORÇAMENTO EM CATEGORIAS
- RESERVA FINANCEIRA
- GRÁFICO DE SETORES (PIZZA)

Nos capítulos anteriores, tivemos a oportunidade de trabalhar com orçamentos familiares simples ou mais elaborados.

Vimos que é muito importante fazer uma lista das entradas em forma de salário ou outros ganhos (receita ou renda) e também uma lista completa dos gastos (despesas), para que possamos, ao final de um período, analisar a diferença entre o total de receitas e o total de despesas.

Esse resultado deve ser positivo e otimizado, ou seja, melhorado, ordenando-se os gastos conforme as prioridades pessoais ou da família. Com base nesse estudo, podemos minimizar os gastos excluindo alguns deles ou reduzindo seu valor.

Agora vamos avançar um pouco mais no estudo, categorizando os gastos conforme a necessidade. Assim, melhoramos a análise, identificando a área que está pesando mais no orçamento e que deve ser acompanhada com mais atenção.

1. Pense nos orçamentos que você já elaborou nos capítulos anteriores e procure dividir as despesas em cinco categorias. Você ficou em dúvida em relação à classificação de algum item, por acreditar que ele se encaixa em mais de uma categoria?

Orçamento e suas categorias

Ao elaborar o orçamento familiar, fazemos uma lista de receitas e uma lista de despesas. Entretanto, para que possamos analisar de maneira mais eficiente todos os dados, é importante categorizá-los, ou seja, separá-los em categorias.

Essas categorias podem ser criadas pela pessoa que está elaborando o orçamento, de acordo com os itens que consome. Os nomes das categorias não são fixos, podem ser alterados para representar os itens mais facilmente. A quantidade de categorias também é variável. Veja exemplos.

- **Casa ou moradia**: água, luz, serviços de pintura e de limpeza.
- **Saúde**: seguro saúde ou convênio médico, medicamentos, exames laboratoriais, tratamentos médicos, internações.
- **Alimentação**: feira, supermercado, quitanda e padaria.
- **Comunicação e tecnologia da informação**: compra de *smartphones* ou *notebooks*, outros produtos da tecnologia da informação, contas telefônicas e assinatura de plano de TV a cabo ou de internet.

Gráfico de setores ou de *pizza*

Um gráfico de setor, ou de *pizza*, como é mais conhecido, geralmente é usado para representar as diversas categorias de um orçamento. Ele permite uma comparação visual dos setores (ou categorias), o que facilita a interpretação dos dados para futura análise.

Veja um exemplo ao lado.

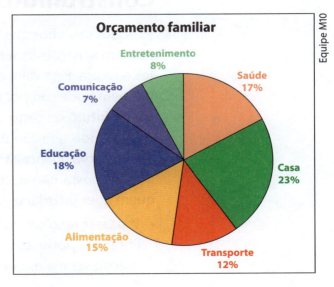

153

1. Reúna-se em um grupo de até cinco estudantes. Observem os itens de despesa de um orçamento dispostos no quadro abaixo e, no caderno, os separem em oito categorias.

Academia	Água	Farmácia	Conta de celular
Curso de inglês	Combustível	Luz	Supermercado
Cinema	Internet	Judô	Financiamento do carro
Mensalidade da escola	Convênio médico	Quitanda	Teatro

Criem uma planilha eletrônica no computador em que serão listados os seguintes gastos:

Casa	Saúde	Educação	Transporte
Alimentação	Entretenimento	Comunicação	Esportes

Os valores dos gastos devem ser criados pelo grupo. Escolham dados baseados na realidade. Na categoria "casa", por exemplo, vocês podem colocar os valores relativos às contas de água e luz. Cuidem para que a planilha de vocês contenha uma célula "casa" com o total dos gastos dessa categoria; uma célula "saúde" com o total dos gastos de outra categoria, e assim por diante.

2. Após a criação da planilha, façam, ainda em grupo, um gráfico de *pizza* contendo apenas os gastos classificados por categorias.

Construindo a reserva financeira

Todos sabemos que é muito importante ter dinheiro guardado para usar em situações emergenciais, como problemas de saúde ou consertos em casa. Esse valor guardado é chamado de **reserva financeira**. Ele também pode compor uma poupança para garantir a realização de um sonho futuro ou certo conforto financeiro.

A grande questão é: como podemos guardar dinheiro e construir uma reserva financeira?

A resposta não é simples e implica muita disciplina por parte de quem quer guardar algum dinheiro. É preciso:

- **1º passo**: ter o controle das finanças. O orçamento precisa estar equilibrado e positivo, ou seja, o resultado final de Receita – Despesas precisa ser maior que zero.

- **2º passo**: registrar objetivos e sonhos e definir o valor a ser guardado por mês para alcançá-los em determinado período de tempo. Daí a importância de identificar se o sonho é de curto, médio ou longo prazo.

- **3º passo**: colocar o plano em ação e monitorar mês a mês eventuais desvios e correções no planejamento.

O sonho é a nossa maior motivação. Quando temos objetivos claros e definidos, as chances de conseguir guardar o valor desejado aumentam bastante.

Vamos definir em 30% a fatia do orçamento para a reserva financeira. Essa porcentagem é apenas uma referência, um **parâmetro**. Em orçamentos mais apertados, pode-se definir essa parcela em 10%.

Uma dica para quem quer construir uma reserva financeira é separar a porcentagem definida logo no início do mês ou no momento da entrada do salário. Assim, evitamos gastar dinheiro por impulso ou em itens não prioritários e colocamos os sonhos como uma das prioridades.

> **Parâmetro:** padrão, regra, princípio, por intermédio do qual se estabelece uma relação ou comparação entre termos.

1. Você acha que é possível guardar 30% do salário todos os meses? Qual é a importância de fazer uma reserva de dinheiro ao longo da vida? Discuta com os colegas.

APROFUNDANDO!

Existe um momento certo para começarmos a pensar na nossa aposentadoria?

A melhor resposta para essa pergunta é: quanto antes, melhor. A principal razão para isso são os juros compostos, que fazem esse dinheiro render de forma exponencial, ou seja, quanto mais tempo ele ficar guardado, mais crescerá. Dessa forma, uma pessoa que começa a poupar assim que entra no mercado de trabalho precisará destinar uma parcela mensal muito menor de seus ganhos para a aposentadoria em comparação a uma pessoa que comece a poupar, por exemplo, apenas 10 ou 15 anos depois. Imagine que, passados esses 15 anos, aquelas primeiras parcelas depositadas já terão rendido por 180 meses, em um esquema de juros sobre juros! Outro ponto importante é aplicar o dinheiro em investimentos seguros de longo prazo, mesmo que o rendimento não seja muito alto. Afinal, é nosso futuro que está em jogo, e correr riscos pode não ser a melhor ideia.

O ideal, então, é fazer um planejamento financeiro de longo prazo e destinar, desde seu primeiro salário, uma pequena parcela para a aposentadoria. Assim, será mais fácil assegurar um futuro com dignidade e bem-estar sem precisar de grandes sacrifícios.

PENSE NISSO!

Se você começar a trabalhar aos 20 anos e pretende se aposentar aos 60 anos, terá 40 anos para poupar certo valor especificamente para a aposentadoria. Faça algumas simulações com o **Tesouro Direto**, que é um investimento seguro no longo prazo. Disponível em: https://www.tesourodireto.com.br/simulador/. Acesso em: 4 jun. 2020.

DICIONÁRIO FINANCEIRO

Tesouro Direto: programa do Tesouro Nacional para venda de títulos públicos federais para pessoas físicas, de forma integralmente *on-line*.

CURIOSIDADES

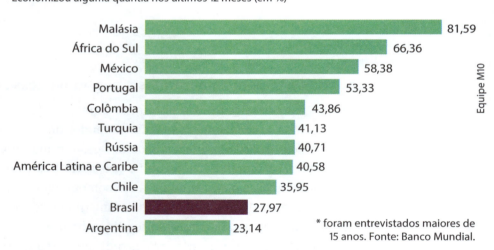

O Brasil tem um dos menores índices de poupança do mundo
Economizou alguma quantia nos últimos 12 meses (em %)*

País	%
Malásia	81,59
África do Sul	66,36
México	58,38
Portugal	53,33
Colômbia	43,86
Turquia	41,13
Rússia	40,71
América Latina e Caribe	40,58
Chile	35,95
Brasil	27,97
Argentina	23,14

* foram entrevistados maiores de 15 anos. Fonte: Banco Mundial.

PINTO, Ana Estela de S. Maioria dos brasileiros não tem reserva para emergência. *Folha de S.Paulo*, São Paulo, 8 jan. 2017. Disponível em: https://www1.folha.uol.com.br/mercado/2017/01/1847939-maioria-dos-brasileiros-nao-tem-reserva-para-emergencia.shtml. Acesso em: 4 jun. 2020.

Nota: O estudo do Banco Mundial considera somente a poupança financeira, que forma patrimônio visando assegurar recursos para a velhice ou uma emergência. Não considera propriedade de bens imóveis, como casas, ou móveis, como veículos.

ESTUDO DE CASO 1

Vamos considerar uma família com o seguinte orçamento:

Receitas	R$	Despesas	R$	Categorias	R$
Salário 1	6 380	Convênio médico	1200	Saúde	1600
Salário 2	3 620	Farmácia	400	Casa	170
		Água	70	Transporte	1250
		Luz	100	Alimentação	1500
		Combustível	500	Educação	1800
		Financiamento do carro	750	Comunicação	200
		Supermercado	800	Entretenimento	400
		Quitanda	700	Esportes	600
		Mensalidade colégio	1500		
		Curso de inglês	300		
		Internet	80		
		Conta de celular	120		
		Cinema	150		
		Teatro	250		
		Academia	400		
		Judô	200		

Calcule e confira: a despesa total é de R$ 7.520,00 e a receita total é de R$ 10.000,00.

Temos um resultado de **Receitas – Despesas** positivo, pois:

R$ 10.000,00 - R$ 7.520,00 = R$ 2.480,00.

Todavia, se definirmos a fatia da reserva financeira como 30% da receita total, teríamos de separar R$ 3.000,00, ou seja, faltariam R$ 520,00, acompanhe:

R$ 3.000,00 – R$ 2.480,00 = R$ 520,00

Dessa forma, devemos analisar o orçamento e procurar diminuir os gastos. Podemos eliminar alguns itens do orçamento ou buscar um desconto junto às empresas contratadas.

Solicitar descontos também é uma medida que pode gerar redução de gastos. Academias, escolas, provedores de internet são exemplos de empresas em que podemos tentar usar essa estratégia. Outra alternativa é mudar o plano de saúde e o de telefonia celular para outros mais baratos.

Pesquisar preços é uma estratégia fundamental para reduzir gastos em estabelecimentos como quitandas, supermercados e farmácia, por exemplo.

Despesas com a casa podem ser igualmente minoradas com atitudes cotidianas que ajudam na economia, como manter as luzes apagadas sempre que possível e consumir água com critério.

Após análise detalhada, poderemos chegar à conclusão de que alguns itens são dispensáveis. Nesse caso, vamos eliminá-los da lista de gastos.

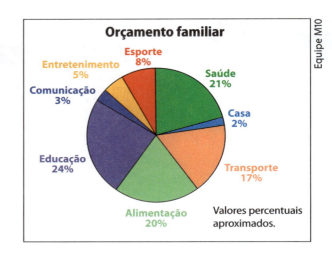

1. Podemos observar no gráfico que "educação" é a categoria que lidera os gastos no orçamento. Que ações podem ser tomadas para diminuir o valor desses gastos?

2. Entre as categorias "saúde" e "alimentação", que representam respectivamente 21% e 20% do orçamento, qual pode ter gastos reduzidos? Como isso pode ser feito?

3. Em relação aos itens restantes, que ações podem ser planejadas para diminuir os gastos do orçamento?

Depois de toda essa análise, vamos considerar que a escola concedeu um desconto de 10%, e o gasto com esse item passou de R$ 1.500,00 para R$ 1.350,00, ou seja, houve um desconto de R$ 150,00. O convênio médico foi trocado via portabilidade para outro no valor de R$ 1.000,00, ou seja, ocorreu redução de R$ 200,00. O supermercado e a quitanda baixaram os preços em 10% para pagamentos à vista, ou seja, deram um desconto de R$ 150,00. E o judô também cedeu um desconto de 10%, em decorrência do qual a mensalidade passou de R$ 200,00 para R$ 180,00, uma economia de R$ 20,00.

Assim, o desconto total foi de 150 + 200 + 150 + 20 = 520, que corresponde ao valor que faltava para que a reserva financeira correspondesse a 30% da receita total.

Reserva = R$ 2.480,00 + R$ 520,00 = R$ 3.000,00
Ou seja: 30% de R$ 10.000.

4. Depois deste estudo, você acha que vale a pena fazer um exercício de análise de gastos? Quais vantagens e desvantagens ele pode trazer?

5. É fácil manter a disciplina de destinar uma porcentagem dos ganhos para reserva financeira? Por quê?

APLIQUE SEU CONHECIMENTO!

1. Organize-se em grupo de até cinco estudantes e elaborem um orçamento fictício numa planilha, contendo:

    a) uma receita composta de três itens que totalizem R$ 15.000,00;

    b) despesa composta de 20 itens totalizando R$ 12.000,00;

    c) oito categorias de gastos.

2. Construa um gráfico de *pizza* contendo as categorias de gastos em porcentagens.

3. Considerando que a reserva financeira desejada seja de 30% da receita total, determine:

    a) o valor destinado à reserva financeira;

    b) o valor que falta para atingir o valor desejado para a reserva financeira.

4. Discuta com os colegas e determine os itens de gastos que podem ser diminuídos ou eliminados.

5. Estabeleça um plano de ação com propostas de redução de gastos para atingir o valor da reserva financeira.

SAIBA MAIS!

@ *SITES*:

- **Caderno de Educação Financeira – Gestão de Finanças Pessoais**
  Disponível em: https://www.bcb.gov.br/content/cidadaniafinanceira/documentos_cidadania/Cuidando_do_seu_dinheiro_Gestao_de_Financas_Pessoais/caderno_cidadania_financeira.pdf. Acesso em: 28 maio 2020.

  Neste material você encontra mais informações sobre como e onde poupar seu dinheiro e construir sua reserva financeira.

- **Megacurioso**
  Disponível em: http://www.megacurioso.com.br/economia/101644-5-bons-motivos-para-voce-economizar-dinheiro.htm. Acesso em: 28 maio 2020.

  Neste *link* você tem acesso a algumas razões para economizar seu dinheiro e começar seu "pé de meia".

CAPÍTULO 14
"ELEFANTES BRANCOS" NO ORÇAMENTO

O QUE VAMOS DISCUTIR?

- BENS E SERVIÇOS
- IMPACTOS FUTUROS
- PLANEJAMENTO FINANCEIRO SEGURO
- IMPOSTOS
- CRIMES FINANCEIROS

Isabel trabalha em um salão de beleza e ganha, por mês, R$ 1.900,00. Como reside em um bairro distante do local de trabalho, precisa pegar, por dia, dois ônibus (um para ir e outro para voltar). Por conta disso, Isabel decidiu comprar um carro que a agradou por meio de um financiamento que caberia em seu bolso, com prestações de R$ 300,00 mensais.

Como gasta, por mês, aproximadamente R$ 200,00 com transporte para ir até o salão, Isabel concluiu que a compra do carro aumentaria seus gastos em apenas R$ 100,00 por mês.

O que Isabel não considerou em suas contas, porém, foram os gastos complementares, como combustível e manutenção. Por essa razão, alguns meses depois, ela teve de renegociar sua dívida no banco, pois corria o risco de perder o carro que nem sequer acabara de pagar.

Para que um automóvel não se transforme em um "elefante branco", é preciso levar vários fatores em consideração antes de comprá-lo.

1. Supondo que o carro comprado por Isabel tenha o rendimento de 12 km por litro de gasolina e que ela more a 18 km de seu trabalho, quantos litros de combustível ela gasta por dia para ir ao trabalho e voltar?

2. Faça uma rápida pesquisa para descobrir o preço atual do litro da gasolina e responda: quanto Isabel gasta por dia com combustível?

3. Além do combustível, quais outros gastos cotidianos Isabel ignorou?

> **Expressão idiomática:** conjunto de duas ou mais palavras cujo significado não pode ser compreendido por meio do sentido literal dos termos que o constituem.

"Elefante branco"

Elefante branco é uma **expressão idiomática** que se refere a uma posse valiosa difícil de vender e custosa de manter. O termo é geralmente empregado em referência a algumas obras públicas grandiosas e de pouca utilidade, mas também pode ser atribuído a bens pertencentes às pessoas.

Estádio Olímpico de Nagano, no Japão. Considerado um dos maiores "elefantes brancos" do mundo, foi construído para os Jogos Olímpicos de Inverno de 1998. No ano de 2010, por exemplo, a soma de todos os eventos ocorridos no estádio preencheria pouco mais da metade de seu espaço.

Diversos bens que adquirimos podem ser considerados pequenos "elefantes brancos". Muitas vezes, por impulso, compramos coisas que terão pouco uso. O que piora ainda mais a situação é que alguns desses bens, além de caros e utilizados raramente, ainda geram gastos para a sua manutenção.

Ter uma casa com piscina é sonho de muitos brasileiros, pois vivemos em um país tropical. Mas será que vale a pena o investimento para a tranquilidade financeira da família? Vários pontos devem ser analisados antes da decisão por mantê-la.

Quando pouco utilizadas, piscinas podem ser consideradas "elefantes brancos", uma vez que sua construção e sua manutenção são caras.

1. Você ou sua família já adquiriram bens ou serviços por impulso e acabaram não os utilizando? Se sim, dê alguns exemplos desses pequenos "elefantes brancos".

2. Alguns dos itens apresentados na questão anterior têm custos de manutenção? Se sim, quais? E quais são esses gastos?

Sempre que vamos adquirir um bem ou serviço, precisamos analisar se a compra cabe no planejamento financeiro. Mas isso não é o bastante. É necessário analisar se os custos fixos e variáveis que aquela compra vai gerar no futuro também cabem no orçamento e se, mesmo assim, ela ainda vale a pena.

No exemplo de Isabel, a compra do carro gerou um importante gasto variável que ela não considerou: o combustível. Além disso, gerou custos fixos, também desconsiderados por ela, como impostos e documentação.

3. Com um colega, indique outros produtos que podem ser considerados "elefantes brancos" no cotidiano e que têm custos de manutenção.

4. Imagine que uma família decidiu adquirir uma casa na praia. Indique alguns gastos fixos que ela precisa considerar no orçamento antes de realizar a compra.

CURIOSIDADES

O termo "elefante branco" tem origem no Sudeste Asiático, onde esse tipo de paquiderme era – e para muitos ainda é – considerado sagrado. Para os governantes, possuir um elefante branco era sinal de poder e justiça em seu reino. Ao mesmo tempo, porém, em razão de sua natureza sagrada, o animal não podia ser usado em nenhum trabalho comum – portanto, não tinha utilidade prática. Além disso, ocupava muito espaço e demandava trabalhos e custos com alimentação e higiene.

Prevendo os impactos

É fundamental colocar no orçamento todos os custos fixos que a aquisição de um bem ou serviço vai acarretar. Além disso, deve-se fazer uma estimativa precisa dos custos variáveis decorrentes desse item.

ESTUDO DE CASO 1

1. Já se passaram seis meses da compra do carro por Isabel, e durante esse período ela anotou os gastos com combustível durante cada mês.

Mês	Gasto (R$)
Abril	115,00
Maio	180,00
Junho	150,00
Julho	125,00
Agosto	140,00
Setembro	130,00

a) Qual seria uma boa estratégia para Isabel estimar o gasto com combustível para os próximos meses?

b) Dessa forma, qual será a estimativa de Isabel para o gasto com combustível no mês de outubro?

163

2. Francisco, irmão de Isabel, também comprou um carro há cinco meses e decidiu seguir o hábito dela de anotar os gastos, conforme representado no quadro a seguir.

Mês	Gasto (R$)
Maio	130,00
Junho	150,00
Julho	140,00
Agosto	634,00
Setembro	120,00

- No mês de agosto, Francisco fez uma longa viagem de carro para visitar sua mãe, que vive em outro estado.

a) Se ele empregar a mesma estratégia de Isabel para obter uma estimativa, que problema Francisco vai enfrentar?

b) O que ele pode fazer em relação a esse problema?

c) Qual deve ser a estimativa de Francisco para o gasto com combustível para o mês de outubro?

3. De acordo com algumas estimativas, os custos para manter um carro popular no Brasil ficam em torno de R$ 400,00 por mês, podendo variar de acordo com a região e o modelo.

a) Considere uma família com renda mensal total de R$ 2.000,00. Qual é o impacto percentual dos custos de um carro sobre a renda?

b) Considere uma família com renda mensal total de R$ 6.400,00. Qual é o impacto percentual dos custos de um carro sobre a renda?

c) Considere uma família com renda mensal total de R$ 16.000,00. Qual é o impacto percentual dos custos de um carro sobre a renda?

d) O que podemos concluir com base nesses resultados?

4. Um carro de alto padrão, com preço na faixa dos R$ 200.000,00, apresenta um total de custos em torno de R$ 1.700,00 mensais. Qual é o impacto desse veículo no orçamento das mesmas famílias da questão anterior?

Outros impactos no orçamento

Há gastos cotidianos que impactam no orçamento familiar, mas, muitas vezes, não são levados em consideração no planejamento.

Você já calculou, por exemplo, quanto sua família gasta em média, por mês, com saúde? E com refeições fora de casa? Se você tem animais de estimação, sabe quanto gasta por mês, em média, com eles?

Uma forma de prevenir gastos não esperados é a contratação de seguros e convênios. Ao contratar um seguro de carro, por exemplo, pagamos um valor fixo por mês e, caso haja algum problema, como furto ou acidente, a empresa seguradora arca com esses custos. Por sua vez, o convênio médico também é pago por meio de uma mensalidade que dá direito a usufruir de alguns serviços, geralmente sem custo extra. Nesses casos, pagamos mesmo que não precisemos utilizar o seguro ou o convênio, no entanto nos precavemos de gastos volumosos que podem surgir inesperadamente.

O Sistema Único de Saúde (SUS) é um dos maiores sistemas públicos de saúde do mundo. Ele garante atendimento gratuito a todas as pessoas em território brasileiro e é mantido por impostos pagos pelos contribuintes.

1. Muitas decisões e acontecimentos geram gastos futuros que precisam ser levados em conta. Você já parou para pensar em quais novos gastos seu nascimento (ou o de seus irmãos) gerou na família? Pense e liste ao menos quatro gastos.

Representação de família.

165

CURIOSIDADES

Em 1744, Webster e Wallace, dois religiosos escoceses, criaram um fundo que pagaria uma pensão a viúvas e órfãos de clérigos falecidos. Em outras palavras, essas pessoas pagariam um valor mensal e, quando morressem, parte do montante arrecadado de todas as contribuições ajudaria a sustentar financeiramente suas famílias. Em resumo, Webster e Wallace inventaram um negócio que hoje conhecemos como seguro de vida!

Mas, como eles poderiam ter certeza de que esse era um negócio lucrativo? Afinal, eles não poderiam saber quando cada pastor iria morrer. No entanto, eles utilizaram a Matemática para prever não quais, mas quantos pastores, em média, morriam a cada ano, e previram quanto gastariam com o pagamento dos seguros a viúvas e órfãos. Dessa forma, estimaram o valor a cobrar de cada pastor de modo a cobrir os custos e obter lucros.

Processando esses números, Webster e Wallace concluíram que, em média, haveria 930 pastores presbiterianos escoceses vivendo em um dado momento, e uma média de 27 pastores morria por ano, 18 dos quais deixariam viúvas. [...] Posteriormente, eles calcularam quanto tempo deveria se passar até a viúva morrer ou se casar novamente (em ambos os casos, o pagamento da pensão cessaria). Com esses números, Webster e Wallace puderam determinar quanto dinheiro os pastores que aderissem ao fundo teriam de pagar para garantir o futuro de seus entes queridos.

HARARI, Yuval Noah. *Sapiens*: uma breve história da humanidade. 27. ed. Porto Alegre: L&PM, 2017. p. 267-268.

De acordo com os cálculos dos dois religiosos, o fundo criado teria, em 1765, 58 348 libras. Quando enfim chegaram àquele ano, tinham 58 347 libras! A Matemática é, sem dúvida, a forma mais eficaz de prever o futuro!

Impostos

Muitos dos gastos resultantes da aquisição de bens e serviços correspondem a impostos pagos ao governo (municipal, estadual ou federal). Carros e casas, por exemplo, são afetados por esse tipo de cobrança.

IPTU

O Imposto Predial e Territorial Urbano (IPTU) é cobrado sobre todos os imóveis situados nas regiões urbanas, e o valor arrecadado é destinado às prefeituras, que devem utilizá-lo em obras de melhoria em seu território.

Cada casa paga um valor específico de IPTU.

Por ser um imposto municipal, cabe a cada prefeitura definir os critérios e valores para sua cobrança. No entanto, uma regra vale sempre: o imposto será proporcional ao valor do imóvel, ou seja, quanto mais valiosa uma casa (pelo seu tamanho, localização etc.), mais alto é o IPTU.

IPVA

O Imposto sobre a Propriedade de Veículos Automotores (IPVA) incide sobre todo veículo automotor (como carros e motos). A sua arrecadação e a definição dos critérios de valor são de responsabilidade de cada Estado brasileiro.

O montante arrecadado é dividido entre o Estado e seus municípios e, assim como ocorre com o IPTU, o valor desse imposto é proporcional ao valor do bem, variando entre 1% e 4%. Em um Estado em que o IPVA seja de 1%, por exemplo, a pessoa que tenha um automóvel de R$ 30.000,00 pagará R$ 300,00 desse imposto.

Tráfego de veículos na avenida Paulista, São Paulo (SP). O estado possui o IPVA mais caro do país.

Impostos e distribuição de renda

O Brasil é um país bastante rico. Em contrapartida, a distribuição de sua riqueza é muito desigual. Isso significa que a riqueza no Brasil está fortemente concentrada na mão de poucas pessoas. Para ter uma dimensão da situação, 5% dos brasileiros concentram a mesma riqueza que os outros 95% da população!

167

Uma das funções da tributação, isto é, da cobrança de impostos, seria justamente atenuar esse cenário, promovendo distribuição de renda. É o que os economistas chamam de **progressividade na tributação**, ou seja, quanto mais se ganha, mais se paga. No entanto, o país está no caminho inverso, apresentando regressividade na tributação. Enquanto os 10% mais ricos da população destinam em torno de 21% de sua renda para o pagamento de impostos, os 10% mais pobres desembolsam 32%.

Um bom exemplo que caracteriza essa situação é o IPVA. Enquanto carros e motos populares são tributados, bens de luxo, como jatos e helicópteros, são isentos desse pagamento.

1. Com um colega, pesquise o valor do IPVA de um automóvel popular e de uma motocicleta.

2. Você acha que a isenção de IPVA para helicópteros particulares reforça a desigualdade social? Explique.

3. Podemos considerar o IPVA e o IPTU como gastos fixos ou variáveis? Justifique.

Helicópteros são isentos do pagamento do IPVA no Brasil.

APLIQUE SEU CONHECIMENTO!

Pesquise um exemplo de "elefante branco" no município, estado ou região em que você mora. Compartilhe as informações com os colegas e montem uma lista de exemplos.

1. Em grupo de quatro estudantes, escolham um caso da lista e pesquisem:

    a) Quando a obra foi realizada?

    b) Qual foi o custo?

    c) Qual é o custo anual de manutenção atualmente?

2. Proponham uma solução para a situação.

    a) Em que os custos de manutenção do "elefante branco" poderiam ser investidos?

    b) Para que outro fim o local ocupado pelo "elefante branco" poderia ser utilizado?

    c) Quais seriam os custos envolvidos nessa transformação do "elefante branco" em algo útil para a comunidade?

3. Compartilhem com a turma o caso do "elefante branco" selecionado e as propostas encontradas.

SAIBA MAIS!

FILME:

- **A lavanderia**
  Direção: Steven Soderbergh. Estados Unidos: Netflix, 2019. 1h36min.

  Este filme repleto de grandes atores e atrizes conta a história de dois sócios que praticam diversos tipos de crimes financeiros, e a luta por justiça de uma mulher que teve a indenização pela morte do marido em um acidente negada por conta da ação desses sócios.

169

CAPÍTULO

15 PIB E CÂMBIO

O QUE VAMOS DISCUTIR?

- O DINHEIRO ELETRÔNICO
- PRODUTO INTERNO BRUTO (PIB)
- CÂMBIO

As conchas de cauri, também conhecidas como búzios, começaram a ser usadas como dinheiro por volta de quatro mil anos atrás, em diversas regiões da África. No início do século XIX, tanto tempo depois, quando a região onde hoje se situa Uganda era uma colônia britânica na África, os próprios ingleses aceitavam as conchas como forma de pagamento dos impostos, o que demonstra o forte valor cultural que elas apresentavam nessas regiões.

Se levarmos em conta o período mais recente da história da humanidade, especialmente quando as trocas se tornaram comuns, o ser humano passou grande parte de sua existência sem utilizar nenhum tipo de moeda cunhada e padronizada. Diversas sociedades diferentes prosperaram utilizando outros objetos como dinheiro.

Fonte das informações: HARARI, Yuval Noah. *Sapiens*: uma breve história da humanidade. 27. ed. Porto Alegre: L&PM, 2017.

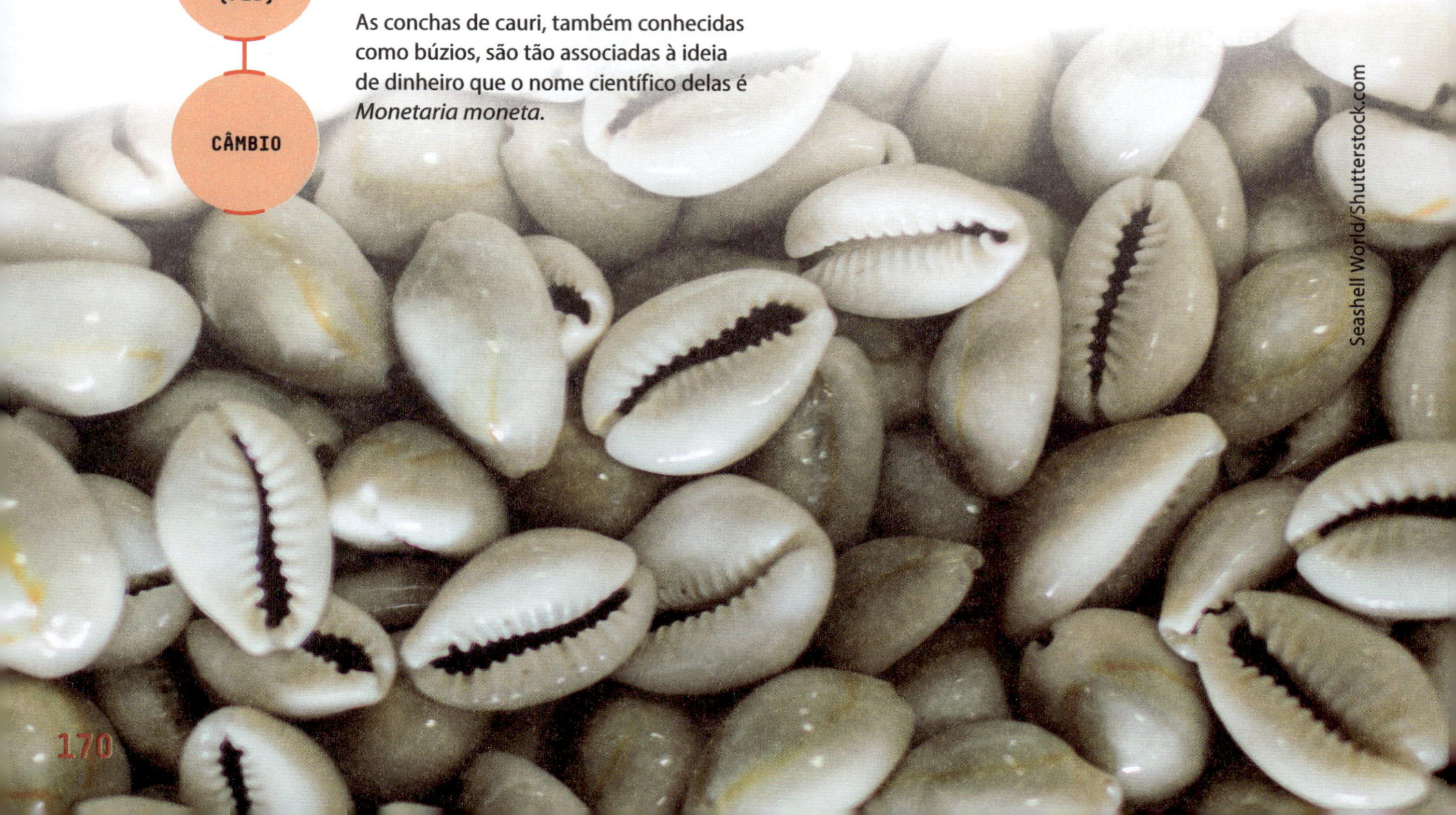

As conchas de cauri, também conhecidas como búzios, são tão associadas à ideia de dinheiro que o nome científico delas é *Monetaria moneta*.

Seashell World/Shutterstock.com

1. Sem ter um objeto específico para representar o dinheiro, como as sociedades costumavam realizar suas trocas?
2. Qual é a vantagem das conchas de cauri serem usadas como moeda de troca em relação, por exemplo, a morangos?
3. Você se lembra de outros objetos que já foram utilizados como dinheiro? Registre no caderno ao menos três.

A popularização do dinheiro eletrônico

É bastante provável que alguém em sua família tenha conta em banco, para receber o salário ou o valor da aposentadoria, por exemplo. É bastante provável também que boa parte dos gastos de sua família não seja paga em dinheiro físico (moedas de metal ou cédulas), mas com cartões de débito, crédito ou mesmo por meio de transferência eletrônica.

Atualmente, moedas e cédulas de papel perderam espaço para formas virtuais de dinheiro. Se somarmos todo o dinheiro do mundo, teremos, hoje, o montante aproximado de 60 trilhões de dólares. Menos de 10% de todo esse valor, no entanto, está, de fato, na forma física. Quase todo o dinheiro do mundo existe apenas como uma série de informações virtuais em computadores!

1. Se uma família optasse por retirar todo o dinheiro que possui no banco para guardá-lo em casa, ela conseguiria fazer isso?

2. Se todas as pessoas, simultaneamente, decidissem retirar do banco todo o dinheiro que possuem guardado ali, o que aconteceria?
3. Crie uma hipótese para o fato de os bancos não precisarem de ter em seus cofres todo o dinheiro físico de seus clientes, embora teoricamente todos eles possam resolver encerrar suas contas bancárias ao mesmo tempo e pegar todo o dinheiro que haviam guardado ali.

171

ATENÇÃO!

Há pessoas que se sentem mais confortáveis lidando com dinheiro físico em vez de usar cartão de débito ou cartão de crédito. Isso ocorre principalmente com aquelas que não estão muito acostumadas a usar a tecnologia de informação digital. De todo modo, é provável que o dinheiro que sai do banco seja utilizado em alguma compra ou pagamento de dívida e acabará voltando para o cofre do banco.

CURIOSIDADES

Alguns países europeus, como Suécia e Noruega, estão deixando de utilizar cédulas e moedas para aderirem por completo aos meios virtuais. Uma pesquisa realizada em 2018 concluiu que, nesses países, menos de 1% do dinheiro existe fisicamente, e apenas 10% das pessoas haviam realizado alguma compra utilizando dinheiro físico durante o ano anterior.

Fonte: ALDERMAN, Liz. A Suécia está a um passo de abolir o dinheiro vivo. *Exame*, São Paulo, 29 dez. 2018. Disponível em: https://exame.abril.com.br/economia/a-suecia-esta-a-um-passo-de-abolir-o-dinheiro-vivo/. Acesso em: 6 maio 2020.

O bolo de cenouras que você compra entra no cálculo do PIB.

Produto Interno Bruto (PIB)

Esse indicador econômico mostra como está a economia de um país.

O PIB é a soma de todos os bens e serviços finais produzidos por um país, estado ou cidade, geralmente em um ano.

IBGE. *O que é o PIB*. [Rio de Janeiro], [20--?]. Disponível em: https://www.ibge.gov.br/explica/pib.php. Acesso em: 28 maio 2020.

O que vamos compreender agora é o modo como o PIB é formado e de que maneira ele se relaciona com a riqueza e a qualidade de vida de um povo.

O que entra no cálculo do PIB?

Um agricultor vende um quilograma de cenouras. Isso conta no PIB, certo? A resposta é: depende. Se a pessoa que comprou as cenouras for consumi-las, em uma salada ou em um bolo para a sua família, por exemplo, a resposta é sim. Entretanto, se a pessoa fizer a mesma salada ou bolo para vender, a resposta é não.

Por mais estranho que possa parecer a princípio, isso ocorre para evitar a chamada **dupla contagem**. Para facilitar o entendimento, vamos imaginar que o quilograma de cenouras foi vendida por R$ 3,00. Ao estipular um preço, por exemplo, para a venda de um bolo de cenoura, esse valor da cenoura já estará embutido como despesa (assim como o valor dos demais ingredientes do bolo). O valor da venda da cenoura é descartado no cálculo do PIB, para o qual se conta apenas o valor do bolo. Esse é um dos motivos porque o cálculo preciso do PIB é tão complexo, uma vez que esse tipo de situação ocorre frequentemente, toda vez que um produto passa a fazer parte do custo de outro produto.

Em outras palavras, podemos dizer que, para o cálculo do PIB, são considerados apenas os **produtos finais**. Tudo aquilo que é **insumo** é, então, descartado.

DICIONÁRIO FINANCEIRO

Dupla contagem: ocorre quando um mesmo item é considerado duas vezes em uma contagem.

Insumo: material que é utilizado para o desenvolvimento ou para a produção de algo.

---

1. Um agricultor vendeu R$ 100,00 de trigo, insumo que será transformado em farinha de trigo. Esta, por sua vez, será vendida por R$ 150,00 e, finalmente, se transformará em pães, os quais serão vendidos por R$ 250,00. Qual é o valor total a ser acrescido ao PIB depois de todo esse processo?

rocharibeiro/Shutterstock.com

2. Adriana contrata, todo mês, o serviço de seu Silas, o jardineiro que cuida da grama e das plantas de seu quintal. Ela lhe paga R$ 150,00 pelo serviço.

a) Ao longo de um ano, o valor do serviço de seu Silas contribuirá com que valor para o cálculo do PIB total do país?

b) Caso Adriana passe a cuidar ela mesma de seu jardim, o que acontecerá com esse valor para o cálculo do PIB?

PIB não é riqueza

O PIB não é uma medida do total da riqueza existente em um país, mas sim da riqueza produzida em determinado período. A diferença, apesar de sutil, é muito importante. Dessa forma, por mais rico que um país seja, caso não produza nenhum tipo de bem ou serviço durante um ano (o que é bastante improvável), seu PIB será igual a zero.

É importante ressaltar também que o valor percentual do PIB se refere à variação apresentada em relação ao ano anterior. Assim, um PIB que cresceu 3%, por exemplo, indica que a produção total de bens e serviços em um ano foi 3% superior em relação à do ano anterior.

APROFUNDANDO!

PIB e a inflação

Para você compreender mais facilmente a relação entre PIB e inflação, vamos imaginar que um país produza apenas cadeiras. Em um ano, a produção foi de 100 cadeiras, e cada uma delas vale R$ 10,00. O PIB desse país será, então, de R$ 1.000,00.

No ano seguinte, foram produzidas as mesmas 100 cadeiras, porém, por conta da inflação, cada uma delas foi vendida a R$ 11,00. O PIB será, nesse ano, de R$ 1.100,00, representando um crescimento de 10%, certo? Errado.

Para o PIB representar de fato a variação da riqueza, os economistas descontam o efeito da inflação. Nesse caso, como a quantidade produzida não foi alterada o PIB permanece o mesmo, ou seja, apresenta um crescimento igual a 0%.

O PIB se relaciona com a variação de riqueza de um país.

3. É muito comum países apresentarem variações do PIB negativas. O que isso significa? Converse com um colega a respeito.

O PIB brasileiro

No ano de 2019, o PIB brasileiro foi de R$ 7,3 trilhões. A tabela abaixo mostra o valor relativo a cada unidade da federação em 2017.

Unidades da Federação	PIB em 2017 (1.000.000 R$)
São Paulo	2.119.854
Rio de Janeiro	671.362
Minas Gerais	576.199
Rio Grande do Sul	423.151
Paraná	421.375
Santa Catarina	277.192
Bahia	268.661
Distrito Federal	244.683
Goiás	191.899
Pernambuco	181.551

Unidades da Federação	PIB em 2017 (1.000.000 R$)
Pará	155.195
Ceará	147.890
Mato Grosso	126.805
Espírito Santo	113.352
Mato Grosso do Sul	96.372
Amazonas	93.204
Maranhão	89.524
Rio Grande do Norte	64.295

Unidades da Federação	PIB em 2017 (1.000.000 R$)
Paraíba	62.387
Alagoas	52.843
Piauí	45.359
Rondônia	43.506
Sergipe	40.704
Tocantins	34.102
Amapá	15.480
Acre	14.271
Roraima	12.103

Fonte: IBGE. *O que é o PIB*. [Rio de Janeiro], [20--?]. Disponível em: https://www.ibge.gov.br/explica/pib.php. Acesso em: 6 maio 2020.

4. Observe a tabela abaixo, que apresenta o PIB de três estados acompanhado da respectiva população.

Unidades da Federação	PIB em 2017 (1.000.000 R$)	População
São Paulo	2.119.854	45.094.000
Rio de Janeiro	671.362	16.719.000
Santa Catarina	277.192	7.001.000

Fonte: IBGE. *O que é o PIB*. [Rio de Janeiro], [20--?]. Disponível em: https://www.ibge.gov.br/explica/pib.php. Acesso em: 6 maio 2020.

Vista aérea da cidade de São Paulo, capital do estado brasileiro com o maior PIB.

a) O PIB de São Paulo é quase três vezes maior que o do Rio de Janeiro. Podemos afirmar, com base nessa constatação, que os paulistas são, em geral, três vezes mais ricos que os cariocas? Por quê?

b) Com base nos dados apresentados na tabela indique qual estado tem população mais rica: Rio de Janeiro ou Santa Catarina? Por quê?

O PIB é uma das principais ferramentas para analisar a saúde financeira e social de um país. Esse dado permite compreender melhor diversos aspectos da economia, como os citados a seguir.

- Ao analisarmos sua evolução ao longo do tempo, podemos entender melhor se o país está crescendo ou não, inclusive projetando como ele será no futuro.
- Podemos comparar a produção de bens e serviços de diferentes países ou continentes.

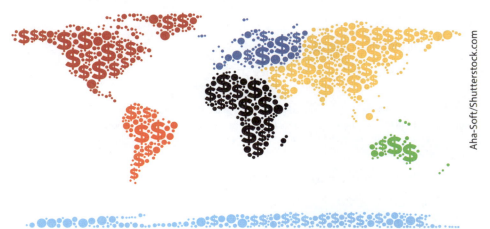

175

- É possível analisar o PIB *per capita*, ou seja, a razão entre o PIB e a população de um país, que dá uma dimensão de quanto cada cidadão receberia da riqueza produzida, caso ela fosse dividida igualmente. No caso do Brasil, por exemplo, o PIB em 2019 foi de R$ 7,3 trilhões e sua população, naquele ano, era de aproximadamente 209 milhões de pessoas. Assim, o PIB *per capita* foi de, aproximadamente, R$ 34.928,00.

5. A tabela apresenta dados de 2018 para PIB em dólares (US$) e a população, aproximada, de três países no ano de 2018.

País	PIB (US$)	População
Itália	2 084 882 000 000	60 627 000
Alemanha	3 949 549 000 000	83 124 000
China	13 608 152 000 000	1 427 647 000

Fonte: IBGE. *Países*. [Rio de Janeiro], [20--?]. Disponível em: https://paises.ibge.gov.br/. Acesso em: 6 maio 2020.

a) Com o auxílio de uma calculadora, determine o PIB *per capita* de cada país.

b) De quanto deveria ser o PIB brasileiro para que tivéssemos o mesmo PIB *per capita* da Alemanha?

6. Um país apresentou crescimento do PIB de 2% ao ano e crescimento populacional de 4% ao ano. O que podemos concluir sobre o PIB *per capita* desse país?

7. O gráfico abaixo mostra a evolução do PIB *per capita* brasileiro, em dólares, de 1990 a 2017.

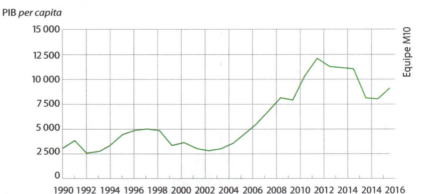

Fonte: GOOGLE PUBLIC DATA. *PIB* per capita (*US$ utilizados*). Disponível em: www.google.com/publicdata/explore?ds=d5bncppjof8f9_&met_y=ny_gdp_pcap_cd&idim=country:BRA:ARG:MEX&hl=pt&dl=pt. Acesso em: 4 jun. 2020.

a) Em que ano o PIB *per capita* brasileiro atingiu seu maior valor?

b) De 2002 a 2012, aproximadamente, quantas vezes cresceu o PIB *per capita* brasileiro?

O PIB é um indicador importante das atividades econômicas de um país, mas não informa sobre aspectos sociais fundamentais. Ele não indica como é a qualidade de vida da população, pois não traz dados sobre educação, saúde, distribuição de renda e segurança pública.

8. O gráfico a seguir apresenta as principais despesas do governo federal brasileiro no ano de 2018.

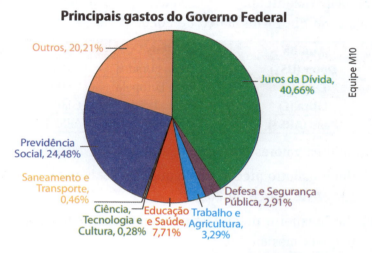

Gráfico elaborado pelos autores. Fonte: OLIVEIRA, Fabrício Augusto. A vinculação das receitas e a garantia de que os recursos do orçamento serão destinados à cobertura de políticas sociais. [Entrevista concedida a] Patricia Fachin. *Instituto Humanitas Unisinos*, São Leopoldo, 6 maio 2019. Disponível em: www.ihu.unisinos.br/159-noticias/entrevistas/588840-a-vinculacao-das-receitas-e-a-garantia-de-que-os-recursos-do-orcamento-serao-destinados-a-cobertura-de-politicas-sociais-entrevista-especial-com-fabricio-augusto-de-oliveira. Acesso em: 6 maio 2020.

a) Qual é o principal gasto do governo federal brasileiro? O que essa informação revela sobre a saúde financeira do país?

b) Em sua opinião, com que o governo de um país deveria gastar mais? Por quê?

Câmbio

A palavra **câmbio**, apesar de pouco utilizada no dia a dia, significa troca. Portanto, cambiar significa trocar uma coisa por outra.

E na economia, será que esse sentido se mantém? O que você supõe?

Câmbio, em economia, é o nome dado à operação de troca da moeda de um país pela de outro, com o objetivo principal de facilitar transações entre os países, além de facilitar comparações, por exemplo, entre os PIBs. A taxa de câmbio, por sua vez, é o valor necessário em determinada moeda para conseguir uma unidade de outra. Pelo fato de os Estados Unidos serem a maior potência econômica mundial, geralmente os valores das moedas são medidos em dólar, que é a moeda daquele país.

Casas de câmbio são os locais em que se realiza a troca de moedas de diferentes países.

Diversos fatores influenciam na taxa de câmbio de uma moeda, como a saúde financeira do país, a situação política em que ele se encontra, o interesse de investidores estrangeiros, a forma como o governo age na economia e a taxa de inflação.

1. Pense ao menos em uma situação na qual as pessoas precisam comparar taxas de câmbio de países diferentes.

2. A tabela a seguir apresenta o valor, em reais, das moedas de alguns países no dia 27 de março de 2020.

Moeda	País	Cotação
Dólar (US$)	Estados Unidos	US$ 1,00 = R$ 5,10
Euro (€)	União Europeia	€ 1,00 = R$ 5,70
Libra (£)	Reino Unido	£ 1,00 = R$ 6,35
Peso (ARS$)	Argentina	ARS$ 1,00 = R$ 0,08

Usando os valores apresentados na tabela, responda:

a) Um brasileiro precisaria de quantos reais para obter 10 dólares em 27 de março de 2020?

b) Um brasileiro precisaria de quantos reais para obter 15 euros naquela mesma data?

c) Um morador do Reino Unido precisaria de quantas libras, aproximadamente, para obter R$ 1,00 em 27 de março de 2020?

d) Um argentino precisaria de quantos pesos para obter R$ 1,00 naquela mesma data?

Vista aérea de Berlim, capital alemã.

3. Retorne à questão em que se apresenta o PIB da Alemanha (US$) e encontre a sua resposta para o valor que o PIB brasileiro deveria ter para atingir o mesmo valor *per capita* da Alemanha. Em seguida, utilize esse valor para responder às questões a seguir.

a) Faça uma rápida pesquisa e descubra a taxa de câmbio entre o real e o dólar hoje. Depois, calcule qual deveria ser o nosso PIB, em reais, para que tivéssemos a mesma riqueza *per capita* dos alemães.

b) Lembrando que o PIB brasileiro é de 7,3 trilhões de reais, quantas vezes ele precisaria aumentar para chegar ao valor encontrado no item anterior?

PENSE NISSO!

Reflita com os colegas sobre o efeito que uma alta da taxa de câmbio, com o dólar mais caro no Brasil, por exemplo, terá sobre as finanças de empresas que exportam seus produtos. E quanto às empresas que precisam importar materiais para efetivar sua produção?

APLIQUE SEU CONHECIMENTO!

Que tal medir qualidade de vida? Para isso, iremos verificar alguns indicadores existentes.

1. A turma deve se dividir em quatro grupos. Cada grupo pesquisará os itens de uma das fichas baixo.
2. Os grupos terão 20 minutos para responder às perguntas.
3. Em seguida, cada grupo apresentará suas conclusões. É importante seguir a ordem em que as fichas foram reproduzidas aqui: IDH, Gini e FIB.
4. Na aula seguinte, serão formados novos grupos. Em cada um deles deve haver pelo menos um participante de cada grupo da aula anterior. Os novos grupos irão discutir os indicadores estudados, levantar possíveis limitações e propor um novo indicador.
5. Ao final, os grupos apresentarão o indicador criado e haverá um debate sobre a adequação desse novo índice.

IDH (Índice de Desenvolvimento Humano)
1. Em que consiste este indicador?
2. Quando foi criado? Por quem?
3. O que é levado em conta no cálculo do IDH?
4. Quais são os países no topo do *ranking* do IDH?
5. Qual é a importância de um índice como este?

Índice de Gini
1. Em que consiste este indicador?
2. Quando foi criado? Por quem?
3. Como é feita a classificação neste índice?
4. Quais são os países no topo do *ranking* do Índice de Gini?
5. Qual é a importância de um índice como este?

FIB (Felicidade Interna Bruta)
1. Em que consiste este indicador?
2. Quando foi criado? Por quem?
3. O que é levado em conta no cálculo do FIB? (Indiquem o que considerarem mais importante.)
4. Quais são os países considerados mais felizes?
5. Qual é a importância deste índice?

Novo indicador
1. Que tipo de limitação os indicadores estudados apresentam?
2. Em que consiste, principalmente, o novo indicador?
3. O que é levado em conta em seu cálculo?

SAIBA MAIS!

 SITES:

- **Entenda o PIB**
  Disponível em: https://g1.globo.com/economia/pib-o-que-e/platb/. Acesso em: 28 maio 2020.
  Traz uma síntese sobre os principais conceitos envolvendo o PIB.

- **IBGE: Instituto Brasileiro de Geografia e Estatística**
  Disponível em: https://www.ibge.gov.br/. Acesso em: 28 maio 2020.
  Na página do IBGE você poderá encontrar o PIB de cada região brasileira ao longo do tempo.

CAPÍTULO 16
INVESTIMENTOS FINANCEIROS

O QUE VAMOS DISCUTIR?

- TIPOS DE INVESTIMENTO
- PERFIL DO INVESTIDOR
- RISCO × RENTABILIDADE

Quando falamos de investimentos, é comum lembrarmos da Bolsa de Valores. Sim, é possível investir na Bolsa de Valores, mas existem muitos outros tipos de investimento.

Neste capítulo, vamos estudar investimentos que apresentam rendimentos e riscos diferenciados. Também vamos ver que existem investimentos de longo e de curto prazos.

Nesse cenário econômico, há investimentos com maior garantia de rendimento e outros que não fornecem garantias, ou seja, podem até mesmo resultar em prejuízo.

1. Lembre de pelo menos três investimentos financeiros que você conhece ou de que já ouviu falar.

2. Você saberia caracterizar algum entre os investimentos financeiros que citou no item anterior? Se sim, explique para um colega e ouça o que ele tem a dizer.

3. Algum dos investimentos citados está ao alcance de sua família? Qual(is) deles?

O início de um investimento financeiro pode ser representado por uma pequena planta; como o investimento, ela também cresce aos poucos.

Tipos de investimento financeiro

Existem três tipos de investimentos financeiros:
1. Caderneta de Poupança;
2. Investimentos de Renda Fixa;
3. Investimentos de Renda Variável.

Caderneta de Poupança

A **Caderneta de Poupança** é um tipo de conta bancária que apresenta rendimentos mensais. Quem aplica nesse tipo de investimento pode fazer o resgate do que aplicou a qualquer momento, ou seja, a liquidez é diária. De todo modo, convém esperar o "aniversário" da conta para que possa haver o acréscimo de juro e correção monetária. Regulamentada pelo Banco Central do Brasil (BCB), a Caderneta de Poupança pode ser aberta por pessoas físicas ou por pessoas jurídicas (empresas). Seu rendimento é igual em todas as instituições bancárias com regras de remuneração calculadas mensalmente sobre o valor depositado na conta. Como base para esse cálculo, utiliza-se a **taxa Selic**.

Regra do cálculo:

- **0,5% ao mês + Taxa Referencial (TR)**, quando a meta da Taxa Selic for superior a 8,5%;
- **70% da meta da Taxa Selic ao ano + Taxa Referencial (TR)**, quando ela for igual ou menor que 8,5%.

É importante ressaltar que o rendimento da Caderneta de Poupança não está conectado com a inflação, ou seja, trata-se de um rendimento que pode ser menor do que a inflação de determinado mês ou ano.

Este tipo de investimento apresenta vantagens e uma desvantagem. Veja a seguir.

Vantagens da Caderneta de Poupança

- Isenção de Imposto de Renda.
- Isenção de **IOF** (Imposto sobre Operações Financeiras).
- Garantia do FGC (Fundo Garantidor de Crédito).

Desvantagem da Caderneta de Poupança

- Baixa rentabilidade.

DICIONÁRIO FINANCEIRO

IOF: imposto federal cobrado sobre transações financeiras, como empréstimos e financiamentos.

CURIOSIDADES

Os investimentos na Caderneta de Poupança são garantidos pelo Fundo Garantidor de Crédito (FGC). Desse modo, caso o banco em que uma pessoa aplicou seu dinheiro entre em falência, as aplicações de até R$ 250 mil por pessoa física (ou seja, por CPF), por instituição, são cobertas e não se perde o valor investido.

O objetivo do FGC é manter a confiança das pessoas no mercado para que os investidores apliquem suas reservas sem receio de perdê-las.

Não é um órgão público, mas uma associação civil sem fins lucrativos, mantida por contribuições das instituições financeiras brasileiras.

APROFUNDANDO!

Leia o trecho a seguir sobre o que é a taxa Selic.

O nome da taxa Selic vem da sigla do Sistema Especial de Liquidação e de Custódia. Tal sistema é uma infraestrutura do mercado financeiro administrada pelo BC [Banco Central]. Nele são transacionados títulos públicos federais. A taxa média ajustada dos financiamentos diários apurados nesse sistema corresponde à taxa Selic.

BANCO CENTRAL DO BRASIL. *Taxa Selic*. [Brasília, DF], [20--?]. Disponível em: www.bcb.gov.br/controleinflacao/taxaselic. Acesso em: 28 maio 2020.

Taxa Selic

A Selic é a taxa básica de juros da economia. [...]. Ela influencia todas as taxas de juros do país, como as taxas de juros dos empréstimos, dos financiamentos e das aplicações financeiras.

A taxa Selic refere-se à taxa de juros apurada nas operações de empréstimos de um dia entre as instituições financeiras que utilizam títulos públicos federais como garantia. O BC opera no mercado de títulos públicos para que a taxa Selic efetiva esteja em linha com a meta da Selic definida na reunião do Comitê de Política Monetária do BC (Copom).

BANCO CENTRAL DO BRASIL. *Taxa Selic*. [Brasília, DF], [20--?]. Disponível em: www.bcb.gov.br/controleinflacao/taxaselic. Acesso em: 28 maio 2020.

Como funciona na prática

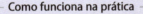

Quando sobe

Os juros cobrados nos financiamentos, empréstimos e cartões de crédito ficam mais altos.

Isso desestimula o consumo e favorece a queda da inflação.

Taxa Selic

Tomar dinheiro emprestado fica mais barato, já que os juros cobrados nessas operações ficam menores.

Quando cai

Isso estimula o consumo.

Efeitos de mudanças na Selic

Quando o Banco Central altera a meta para a taxa Selic, a rentabilidade dos títulos indexados a ela também se altera e, com isso, o custo de captação dos bancos muda.

Uma redução da taxa Selic, por exemplo, diminui o custo de captação dos bancos, que tendem a emprestar com juros menores.

Equipe M10

Para responder às questões 1 a 4, reúna-se com quatro colegas.

1. Pesquisem a taxa Selic dos meses do ano corrente.

2. Pesquisem o valor da TR no ano corrente.

3. Com base na resposta da questão 1, como calcular o rendimento mensal da Caderneta de Poupança no mês atual?

4. A Caderneta de Poupança é um investimento confiável e rentável? A que conclusões a esse respeito vocês chegaram?

Investimentos de renda fixa

Investimentos de renda fixa são todos os investimentos em que é possível ter uma previsibilidade considerável de recebimento. Dessa forma, os investimentos que se encaixam na categoria Renda Fixa são considerados mais seguros.

Dentro dessa categoria, existem dois tipos de investimento: os prefixados e os pós-fixados.

- **Renda Fixa prefixados:** são investimentos com taxa de rentabilidade fixa. No ato da efetivação desse investimento, o investidor já sabe exatamente quanto ele vai render.

- **Renda Fixa pós-fixados:** são investimentos que apresentam ligação com índices econômicos. Geralmente, esse investimento é atrelado ao CDI (Certificado de Depósitos Interbancários), à Selic (Sistema Especial de Liquidação e Custódia) ou ao IPCA (Índice de Preços ao Consumidor Amplo).

Estes são os títulos de renda fixa mais conhecidos:

- Tesouro Direto;
- CDB (Certificado de Depósito Bancário);
- LCI e LCA (Letras de Crédito Imobiliário e Letras de Crédito do Agronegócio, respectivamente);
- LC (Letras de Câmbio);
- Fundos de Renda Fixa.

O Tesouro Direto é emitido pelo governo, as Letras de Câmbio são emitidas por instituições financeiras e os demais títulos, por instituições bancárias.

Títulos como o CDB, o LCI e o LCA são protegidos pelo FGC até o valor de R$ 250.000,00. Como no caso da Caderneta de Poupança, o FGC garante o recebimento do investimento se a instituição bancária fechar as portas ou se recusar a devolver o valor investido com os rendimentos legais.

5. Faça uma breve pesquisa e verifique quais modalidades de investimento em renda fixa são:

a) isentas de Imposto de Renda;

b) isentas de IOF;

c) protegidas pelo FGC.

Investimentos de renda variável

Ao contrário dos investimentos de renda fixa, nos quais é possível estimar o retorno com maior precisão e confiabilidade, os **investimentos de renda variável** têm como característica grandes oscilações determinadas por muitos fatores de difícil controle.

Assim, o investimento de renda variável é complexo e de previsibilidade prejudicada, uma vez que seu retorno pode ser alto em curto prazo ou dar prejuízos na mesma intensidade.

Embora este tipo de investimento apresente a possibilidade de maiores rendimentos, o risco é alto. Com relação a esse aspecto, podemos fazer um contraponto com os investimentos de renda fixa, cujos rendimentos são mais baixos e, consequentemente, de baixo risco.

Alguns dos investimentos possíveis desse segmento são:

- Fundos Multimercado (renda fixa + renda variável);
- Fundos Imobiliários (empreendimentos imobiliários);
- Fundos de Ações (ligados ao Ibovespa – Bolsa de Valores de São Paulo);
- COE (Certificado de Operações Estruturadas);
- Mercado de Ações (compra e venda de papéis ou lucro com dividendos);
- Mercado de Opções (índice ou dólar).

Nesse tipo de investimento, impera a lei da oferta e da procura. Quando um investimento é muito procurado (comprado), seu valor sobe. Quando existe mais oferta do que procura, ou seja, quando os papéis estão sendo mais vendidos, seu valor desce.

A estratégia básica do investidor é comprar papéis que estejam subvalorizados, ou seja, abaixo dos valores projetados, e aguardar sua valorização. Outros fatores são muito relevantes, como a publicação de **balanços de empresas** com papéis na Bolsa de Valores, que fazem com que se valorizem, caso o balanço seja positivo, ou que se desvalorizem, caso o balanço seja negativo.

> ## DICIONÁRIO FINANCEIRO
>
> **Balanço de empresas**: diferença entre ativos (bens e direitos) e passivos (dívidas e pagamentos a serem efetuados).

ATENÇÃO!

Como os investimentos de renda variável são mais complexos, recomenda-se que sejam feitos por pessoas com formação na área ou acompanhados por um corretor de confiança.

ESTUDO DE CASO 1

Todo sonho é abstrato. Somente se concretizará se for transformado num projeto com planejamento preciso e eficaz.

Muitas pessoas sonham em multiplicar seu dinheiro e para isso investem parte dele na **Bolsa de Valores**. Para conhecer mais esse investimento, faça as atividades a seguir.

1. Reúna-se com quatro colegas e pesquise o que é o Ibovespa. Acesse o *site* dessa instituição e procurem dez empresas que vocês conhecem e que têm ações na Bolsa de Valores de São Paulo.

2. Escolham três delas e simulem um investimento de R$ 1.000,00 em cada uma. Quantas ações vocês comprariam?

3. Anote, por três dias consecutivos, a evolução dos preços das ações dessas empresas na Bolsa de Valores de São Paulo.

4. Comparece o valor de suas ações no dia da compra e no terceiro dia de observação. Qual foi o resultado? (Desconsiderem taxas e impostos.)

5. Discutam qual seria o plano de investimento na Bolsa para obter maior rendimento com risco minimizado.

6. Apresentem suas conclusões para a turma.

DICIONÁRIO FINANCEIRO

Bolsa de Valores: A Bolsa de Valores brasileira, conhecida como B3, é um mercado organizado para negociações no qual os investidores têm acesso a compra e venda das chamadas ações, que são pequenas partes do valor de uma empresa. Assim, quem compra uma ação, se torna um acionista ou sócio do negócio, e isso pode ser feito por meio de corretoras ou bancos.

Na Bolsa, negocia-se também outros tipos de investimento de renda variável. As negociações são feitas *on-line*, no chamado **pregão eletrônico**.

No passado, somente as pessoas mais ricas ou empresas participavam da Bolsa, mas isso mudou. Em abril de 2020, o total de pessoas físicas com aplicação em renda variável vinculada à Bolsa atingiu 2 milhões. Quando o investidor compra ações de uma empresa, ele disponibiliza recursos para o crescimento dela.

Perfil do investidor

Os investidores podem ser classificados em três níveis diferentes, de acordo com o risco de suas aplicações. Eles podem ser:

- conservadores;
- moderados;
- agressivos.

Investidor conservador

Este tipo de investidor prefere segurança e rapidez no recebimento das aplicações (alta liquidez). Ele não aceita grande variação nem oscilação nos seus rendimentos. Por esses motivos, opta por investimentos que não possuem alta rentabilidade, com baixo risco.

O investidor conservador prioriza aplicações de retornos mais previsíveis e controlados. Dessa forma, concentra seus investimentos financeiros na renda fixa. Sua **carteira de investimentos** não precisa, todavia, concentrar-se na renda fixa; há a possibilidade de investir uma pequena parcela na renda variável.

> **DICIONÁRIO FINANCEIRO**
>
> **Carteira de investimentos**: conjunto de investimentos de um investidor.

Investidor moderado

O investidor com esse perfil valoriza a segurança da renda fixa, mas, por outro lado, aceita correr riscos um pouco maiores que o conservador na busca de melhores rentabilidades.

Apesar de evitar riscos elevados, como os das ações em Bolsa de Valores, esse investidor sente-se confortável em direcionar uma parcela considerável de suas aplicações para a renda variável, diversificando, desse modo, sua carteira de investimentos.

Volátil: qualidade daquilo que pode variar muito, que é altamente instável.

Outras opções são os Fundos Multimercado, que mesclam renda fixa e variável e que, portanto, não são tão **voláteis** quanto o mundo das ações. Há também os Fundos Imobiliários, que unem boa *performance* com bom nível de segurança.

Um investidor moderado não reagiria bem a uma variação intensa e negativa, que é o que ocorre frequentemente nas aplicações de renda variável. Por essa razão, procura equilibrar seus investimentos entre essas duas modalidades.

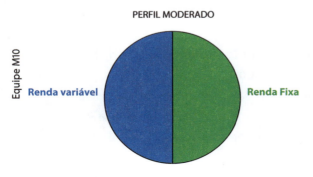

Investidor agressivo

O investidor com perfil agressivo visa obter o máximo de lucro possível em relação aos valores disponíveis para aplicações financeiras. Por isso, costuma optar pelas modalidades com maior volatilidade, variabilidade e possibilidades de maior rentabilidade, como Fundo de Ações e Fundos Cambiais.

São investidores dispostos a operar no Mercado de Ações ou **Derivativos**.

> **DICIONÁRIO FINANCEIRO**
>
> **Derivativo:** produto financeiro cujo valor varia de acordo com o valor de outro produto.

É importante ressaltar a diferença entre Fundo de Ações e Mercado de Ações. Quando uma pessoa investe em um Fundo de Ações, não está comprando ações de uma empresa, e sim títulos de um fundo ligado às ações de determinada empresa. Ou seja, esse fundo de ações varia de acordo com a *performance* daquela ação na Bolsa de Valores.

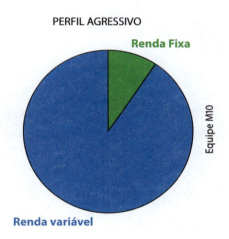

Com base nas informações a respeito de tipos de investimento e perfil de investidores, responda às perguntas a seguir.

1. Vicente e Joana, um jovem casal, têm planos de comprar uma casa própria nos próximos 3 anos. Para isso, juntarão o dinheiro da entrada, ao guardar 10% do total dos dois salários e investir de maneira segura, sem riscos.

    a) Que tipos de investidores Vicente e Joana são?

    b) Quais os tipos de investimentos mais indicados para esse casal?

2. Luís e Júlia, um casal de meia-idade, com a vida financeira já estabilizada e bem construída, têm rendimentos que lhes permitem viajar ao exterior duas vezes por ano. Eles estão dispostos a investir parte da renda de ambos e buscar altos rendimentos.

    a) Que tipos de investidores Luís e Júlia são?

    b) Quais os tipos de investimentos mais indicados para esse casal?

187

ATENÇÃO!

O Mercado de Ações é um universo muito arriscado. Recomenda-se aos iniciantes investir em modalidades mais mais seguras e conservadoras.

CURIOSIDADES

[...] No mercado de ações, não são só os humanos que investem. Também existem robôs que compram e vendem ações usando algoritmos, em um processo conhecido como "*trading* algorítmico". [...]

BARRÍA, Cecilia. 5 pontos para entender por que as Bolsas de Valores sobem e descem tanto. *BBC News*, São Paulo, 12 mar. 2020. Disponível em: https://www.bbc.com/portuguese/geral-51833952. Acesso em: 28 maio 2020.

APLIQUE SEU CONHECIMENTO!

Reúna-se com os colegas com que você vem trabalhando neste capítulo. Em seguida, entre no *site* do Tesouro Direto (www.tesourodireto.com.br) e faça algumas simulações.

1. Clique no botão "Simulador".

2. Clique no botão "Vamos começar".

3. Escolha um dos itens oferecidos:
   - Aposentadoria
   - Casa nova
   - Estudos
   - Carro novo
   - Reserva de emergência
   - Investimento

4. Defina o período em que seu dinheiro ficará investido.
   - 1 a 3 anos
   - 3 a 9 anos
   - Mais de 10 anos

5. Selecione uma das opções:
   - Saber exatamente quanto vai ganhar.
   - Investir em um título com rentabilidade acima da inflação.

6. Selecione um dos investimentos oferecidos. (Observação: O grupo pode fazer várias simulações e explorar as diversas opções que o *site* oferece em relação a tempo de aplicação, a valores iniciais e mensais e à rentabilidade.)

Qual é o momento ideal para pensar na aposentadoria?

Qual é a sua expectativa de vida? 80, 90, 120 anos? O que você quer fazer quando envelhecer? É preciso preparar-se financeiramente para a terceira idade, iniciando com muita antecedência, antes mesmo de alcançar a maioridade.

Para isso, é preciso fazer poupança e investir com constância. Como a renda dos investimentos é calculada por juros compostos e eles crescem exponencialmente ao longo do tempo, quanto maior o intervalo de tempo de aplicação financeira, maior será o rendimento.

Tipos de previdência

Em nosso país, temos o sistema previdenciário, mantido por aplicações financeiras e disponível em dois tipos de previdência:

a) **Previdência Social**, que oferece a aposentadoria para o contribuinte mediante determinadas condições, além de benefícios em caso de invalidez, morte, doença e desemprego. É obrigatória aos servidores públicos e trabalhadores contratados no regime da Consolidação das Leis Trabalhistas (CLT) ou autônomos, e administrada pelo Instituto Nacional do Seguro Social (INSS). Funcionários públicos têm planos de previdências próprios e dependem de cada governo municipal, estadual ou do federal.

Agência do INSS em Marília, São Paulo (SP).

b) **Previdência Privada**, de caráter complementar, que pode ser administrada por entidades fechadas de previdência complementar (patrocinadas por empresas e administradas por fundos de pensão, sendo destinadas apenas a seus funcionários); entidades abertas de previdência complementar (bancos, corretoras e seguradoras e qualquer pessoa pode adquirir).

SAIBA MAIS!

@ SITES:

- **Bolsa de valores de São Paulo**
  www.bmfbovespa.com.br
  Disponível em: www.bovespa.com.br. Acesso em: 28 maio 2020.
  Neste *site* você pode consultar conhecer melhor a Bolsa de Valores de São Paulo, consultando índices atualizados do mercado financeiro.

- **Instituto Nacional do Seguro Social**
  Disponível em: https://www.inss.gov.br. Acesso em: 9 jun. 2020.
  Traz orientações e informações gerais sobre aposentadoria e benefícios.

LIVRO:

- **O investidor inteligente**
  GRAHAM, Benjamim. Rio de Janeiro: Harper Collins Brasil, 2016 [Primeira edição: 1949.]
  Este livro é considerado a "bíblia" dos investidores em mercado de ações e seu autor, Benjamim Graham, é um dos maiores consultores de investimento do século XX.

REFERÊNCIAS

AGÊNCIA NACIONAL DE ENERGIA ELÉTRICA (Brasil). *Por dentro da conta de luz*: informação de utilidade pública/Agência Nacional de Energia Elétrica. 7. ed. Brasília, DF: ANEEL, 2016. Disponível em: https://www.aneel.gov.br/documents/656877/15290115/Por+dentro+da+conta+%20 de+luz+2016/19593350-705c-e18b-bca5-b18ba7ed7217. Acesso em: 5 abr. 2020.

ASSAF NETO, Alexandre. *Matemática Financeira e suas aplicações*. 6. ed. São Paulo: Atlas. 2012.

BANCO CENTRAL DO BRASIL. *Caderno de Educação Financeira* – Gestão de finanças pessoais. Brasília, DF: BCB, 2013. Disponível em: https://www.bcb.gov.br/content/cidadaniafinanceira/ documentos_cidadania/Cuidando_do_seu_dinheiro_Gestao_de_Financas_Pessoais/caderno_ cidadania_financeira.pdf. Acesso em: 27 abr. 2020.

BANCO CENTRAL DO BRASIL. *Dinheiro no Brasil*. 2. ed. Brasília, DF: BCB, 2004. Disponível em: https://www.bcb.gov.br/content/acessoinformacao/museudocs/pub/Cartilha_Dinheiro_no_ Brasil.pdf. Acesso em: 27 abr. 2020.

BAUMAN, Zygmunt. *Vida para consumo*: a transformação das pessoas em mercadoria. Tradução: Carlos Alberto Medeiros. Rio de Janeiro: Zahar, 2007. Título original: Consuming life.

BELLOS, Alex. *Alex através do espelho*. Tradução: Paulo Geiger. São Paulo: Companhia das Letras, 2015. Título original: Alex through the looking-glass.

BOFF, Leonardo. *Sustentabilidade*: o que é – o que não é. 2. ed. Petrópolis, Rio de Janeiro: Vozes, 2013.

BORBA, Mônica Pilz; OTERO, Patrícia (coord.). *Consumo sustentável e manual de atividades*. São Paulo: Imprensa Oficial do Estado de São Paulo: 5 Elementos – Instituto de Educação e Pesquisa Ambiental, 2009. (Coleção Consumo Sustentável e Ação). Disponível em: https://www. imprensaoficial.com.br/downloads/pdf/projetossociais/sustentavel.pdf. Acesso em: 28 abr. 2020.

BRASIL. Ministério da Educação. *Base Nacional Comum Curricular*. Brasília, DF: Ministério da Educação, 2018. Disponível em: http://basenacionalcomum.mec.gov.br/images/BNCC_EI_ EF_110518_versaofinal_site.pdf. Acesso em: 27 jan. 2020.

BRASIL. Ministério da Fazenda. Escola de Administração Fazendária. *Educação fiscal no contexto social*. 4. ed. Brasília, DF: Ministério da Fazenda: ESAF, 2009.

BRASIL. Ministério da Justiça e Segurança Pública. *Manual de Direito do Consumidor*. Brasília, DF: SENACON/Ministério da Justiça e Segurança Pública. Disponível em: https://www. defesadoconsumidor.gov.br/images/manuais/manual-do-direito-do-consumidor.pdf. Acesso em: 27 abr. 2020.

BRASIL. Ministério do Meio Ambiente. *Manual de educação para o consumo sustentável*. Brasília, DF: MMA. Disponível em: http://portal.mec.gov.br/dmdocuments/publicacao8.pdf. Acesso em: 27 abr. 2020.

CANO, Wilson. *Introdução à economia*: uma abordagem crítica. 3. ed. São Paulo: UNESP, 2012.

CASA DA MOEDA DO BRASIL [Brasília, DF], c2015. Disponível em: https://www.casadamoeda.gov.br/portal/. Acesso em: 15 jun. 2020.

CERBASI, Gustavo; SOUSA, Mauricio de. *Descobrindo valor das coisas*: o guia de educação financeira para pais e professores. São Paulo: Gente, 2012.

CONAR. Conselho Nacional de Autorregulamentação Publicitária. [São Paulo], [1999]. Disponível em: http://www.conar.org.br/. Acesso em: 15 jun. 2020.

D'AQUINO, Cássia. *Como falar de dinheiro com seu filho*. São Paulo: Saraiva, 2014.

DOLABELA, Fernando. *Oficina do empreendedor*. Rio de Janeiro: Sextante, 2008.

DOLABELA, Fernando. *Pedagogia empreendedora*. São Paulo: Cultura, 2003.

ESTRATÉGIA NACIONAL DE EDUCAÇÃO FINANCEIRA (ENEF). *Educação financeira nas escolas*. [Brasília, DF], c2017. Disponível em: https://www.vidaedinheiro.gov.br/. Acesso em: 28 abr. 2020.

ESTRATÉGIA NACIONAL DE EDUCAÇÃO FINANCEIRA (ENEF). *Orientações para a Educação Financeira nas Escolas*. [Brasília, DF], 2018. Disponível em: https://www.vidaedinheiro.gov.br/wp-content/uploads/2018/03/Info-EscolasFinal_alterado.pdf. Acesso em: 27 abr. 2020.

FARINHAS, Altemir Carlos. *Dinheiro? Pra que dinheiro?* Entre gastar e poupar. Curitiba: Inverso, 2008.

FRANCO, Silmara; ALVES, Januária Cristina. *Você precisa de quê?*: a diferença entre consumo e consumismo. São Paulo: Moderna, 2016.

GIANELLA, Valentina. *Somos todos Greta*: inspire-se para salvar o mundo. São Paulo: Vergara & Riba, 2019.

GRAHAM, Benjamim. *O investidor inteligente*. Rio de Janeiro: Harper Collins Brasil, 2016.

HARARI, Yuval Noah. *Sapiens*: uma breve história da humanidade. Porto Alegre: L&PM, 2017.

IDEC. Instituto Brasileiro de Defesa do Consumidor. *Planilha de orçamento doméstico*. [São Paulo], c1996-2020. Disponível em: https://idec.org.br/planilha/download. Acesso em: 5 abr. 2020.

MACHADO, Nilson José. *Matemática e língua materna*: análise de uma impregnação mútua. São Paulo: Cortez, 2011.

PREGARDIER, Ana. *Educação financeira*. Jogos para sala de aula: a abordagem lúdico-vivencial de formação de hábitos. Porto Alegre: Intus Forma : AGE, 2015.

SINGER, Paul. *Curso de introdução à economia política*. 10. ed. Rio de Janeiro: Forense-universitária, 1986.

STUART, Susanna. *Ensine seu filho a cuidar do dinheiro*. São Paulo: Gente, 2009.

TEIXEIRA, Aníbal. *Riqueza Garantida*: não faça birra, faça economia. São Paulo: Literare Books International, 2018.

TOLEDO, Denise Campos de. *Assuma o controle das suas finanças*: você feliz com dinheiro hoje e no futuro. São Paulo: Gente, 2008.